1万円でできるプチリニューアルから、全面改装、商売替えまで

繁盛店をつくる!
飲食店リニューアルの成功法則

飲食店プロデューサー
株式会社パシオ代表
土屋光正

同文舘出版

はじめに

見当違いなリニューアルをしたばっかりに、売上げを落としている店は数知れない。

「ちょっと店の外観をカッコよく変えただけでお客が増える」「店名のロゴを、流行の筆文字に変えたら繁盛する」「プロのカメラマンに撮ってもらった写真入りのメニュー看板を置くだけで、お客が入って来る」と思い、リニューアルする。

しかし、お客が求めている店のイメージや内容と、リニューアル後の店にギャップがあると、せっかくお金と時間をかけてリニューアルしても、来店客数がたいして変わらないどころか、「売上げが落ちた」という状況に陥ってしまう。そんな、お金をドブに捨てるようなリニューアルがあまりに多いので本書を書いた。

リニューアルは、達成したい目的を明確にし、そのための戦略・戦術をしっかりと立て、優先順位を決めて実行してゆくことが重要なのだ。

たとえば、売上げアップを目的にリニューアルをするなら、お客が思うように来ない原因を慎重に見極めてからリニューアルしないと、今までお客が来ていた理由を自分から潰してしまうことになりかねない。しっかりとした方向性や考え方を持っていないのに、お金をかけて外観を変えたり、メニュー看板を作り変えたりするのなら、何もしないほうがまだましだ。

長く飲食店プロデュースの仕事に従事し、日本だけでも５００店を超える店舗をプロデュースしてきたが、その約半数が広義のリニューアルといえる（初めて店をやる人が、「居抜き物件」という、すでにある内外装設備などを利用して店を開くことも、この本ではリニューアルの店として捉えている）。

店舗のリニューアルというと、店舗の改装工事という意味合いだけに限定して捉えられがちだ。実際、辞書で調べてみても「リニューアル【renewal】（1）店舗などの改装・改修」（『大辞林』）というのが一番に表示される。しかし、リニューアルとは本来「新しくする」という意味である。本書では、リニューアル＝店舗の改装工事ではなく、「目的を持って、新しく変えていくこと」として広く捉え、飲食店の繁盛法を「リニューアル」というキーワードから導き出してゆく本とした。

もちろん、リニューアルは店舗の内外装工事を伴うことは多いが、リニューアルを単なる改装工事として捉えるとあまりにもったいないし、投資効率が悪い。リニューアルによって、その店に係わる人すべてに意識改革が起こり、その人それぞれの目的を叶えてゆく、きっかけ・手段として、非常に有効な手段がリニューアルなのだから。

本書は、リニューアルを考えている人のみならず、繁盛店づくりを目指すすべての人に役立つ内容になっている。

２００８年

土屋光正

Contents

繁盛店をつくる！飲食店リニューアルの成功法則

2章

絶対成功するリニューアルとは？

3章 リニューアルして手に入れたい結果とは？

4章 「何をリニューアルするのか」、テーマを決める

5章 リニューアルの具体的な進め方

6章 予算別リニューアル成功法

7章 業種別成功するリニューアルのポイント

8章

立地・物件別リニューアルのポイント

9章

使える！ 役立つ！ リニューアルの具体例

10章

商売を替える

カバーデザイン◎藤瀬和敏
本文イラスト◎近藤智子
本文DTP◎ムーブ（川野有佐）
写真撮影◎水田伸介
（P53、59、65、169、201、203、207）

1章

なぜ、飲食店はリニューアルするのか？

01

なぜ、リニューアルする必要があるの？

飲食店にとってなぜリニューアルが必要かといえば、それは時代や環境が変化し「人の好み」が変わるからだ。開店時と現在の状況にズレが生じ、将来の展望が立たなくなる。この変化の激しい〝超スピード時代〟に、開店当時のまま何十年も「そのまま」とはいかない。

●老舗も実は日々変化している

何十年、時には何百年と続いている、パッと見は何も変わってないように見える老舗と呼ばれる店でも、時代に合わせて中身を変えている場合がほとんどだ。京都の老舗和食店で、「うちはまだ新しいほうですわ、戦後開店ですから」と謙遜されたことがある。その「戦後」が、４００年以上前の「応仁の乱」の後だったりする。そんな老舗でも、建物の老朽化への対策であったり、内外装面の演出であったりと、何度かのリニューアルの跡が数多く残っていた。

東京・渋谷に、「唐そば」という50年の歴史を持つ、一種類だけのラーメンを出す店がある。唐そばの先代が「うちは何十年も何も変わっていないように言われるが、毎日変えているんです。お客様の好みが変わるからね」と言っていた。この場合、味や提供方法の小さな違いを積み重ねる、商品のリニューアルをしているのだ。

●開店３ヶ月以内の「駆け込み相談」が圧倒的に多い

開店して間もないのに、リニューアルが必要な場合がある。練りに練ったプランと万全の準備で「これでいこう」と開店の日を迎えるわけだが、やってみたら現実の結果は大違い、という例は珍しくない。パシオへ「相談」に来る方の4分の1は、開業3ヶ月以内の方だ。開店したが、予定の売上げにならず「どうしたらいいですか」と、駆け込み寺へ飛び込むように来るのだ。

さまざまな理由で、飲食店はリニューアルする。私達が髪型を変えてイメージチェンジするように、「お客からの、見た目の印象を変えたい。気分を変えたい」といった軽いものから、店の将来を熟考し、コンセプトを見直して、業種業態から店舗の内外装など、全体を変えてゆく大掛かりなものまでいろいろである。いずれにしても、飲食店には必ずリニューアルが必要だということだ。

リニューアル時期自己診断リスト

パシオの実際の業務ではリニューアル時期の相談に対して人間力接客、割安感、競合店、商品力、場力（立地）、雰囲気の６項目に分けて細分化してチェックを行っている。ここではその簡易版でリニューアル時期をチェックしてみていただきたい。

	チェック項目	回答
1	ユニホームが古くなったり、身だしなみに気をつかわなくなっていませんか？	
2	接客らしい接客はしないで、声も小さくありませんか？	
3	従業員の欠勤や遅刻、退職が多くありませんか？	
4	店への道案内や商品の説明ができないスタッフはいませんか？	
5	商品を提供するまでかなり時間がかかっていませんか？	
6	お客様が呼んでいるのにかなかないけないことがありますか？	
7	期待どおりの客層がなかなか集まらない状況がありますか？	
8	ゆるやかでも右肩下がりで来客数が減ってきている。	
9	近所の店は流行っているのに自分の店が空いていることがある？	
10	街の様子が変わり、店前交通量が減ってきた。	
11	内外装に汚れているところや壊れているところはありませんか？	
12	空調や厨房設備で調子がわるい、異音がするようなものはありませんか？	
13	メニューは汚れていませんか？	
14	メニューの内容を見直したのは３ヶ月以上前である。	
15	店頭 POP やチラシ、ポイント特典など最近やったことがない。	
16	トイレの演出に気をつかったことはない。	
17	ホールの照明や音楽に気をつかったことはない。	
18	予算がないのでリニューアルは無理だとおもっていませんか？	
19	うちの店はまだまだリニューアルは必要ないとおもっていませんか？	
20	リニューアルしたのにうまくいっていない経験はありませんか？	

A はい・B わからない・Cいいえ
A＝5 pt　B=5 pt　C=0 pt

0 pt
0 pt なあなたのお店でもリニューアルは必ず必要になります。成功し、お店に体力のある時こそ次の手を考え始めましょう！

5 ～ 50 pt
このリストで問題点が明らかになったならそこを重点的にリニューアルしてゆきましょう

55 ～ 100 pt
今すぐにリニューアルに着手しましょう！もしすでに計画がスタートしているなら本書がすこしでも役だちますように！

02

「リニューアル」するとどんな〝いいこと〟があるの？

リニューアルしていいことがあるのではなくて、「欲しい結果」を手に入れるための手段が、リニューアルだ。店を開いたけど「こんなはずじゃなかった」場合に、「欲しい結果」を手に入れるためにリニューアルするのだ。

「欲しい結果」が出ていないとしたら、それを手に入れる方法はひとつしかない。それは、今までと違ったやり方に変えることだ。違ったやり方に変えることによって、今まで手に入らなかった「欲しい結果」をつかむことができるのだ。

●現状を把握することがリニューアルへの第一歩

何かを変える時に、最初にやることは現状をしっかりと把握することだ。たとえば、「痩せる」という目的で、今までと食生活を「変えよう」と思ったら、いつもは何を、どれくらい、いつ食べているのかを「現状把握」することがまず必要になる。「いつも夜11時頃にお菓子を食べているから、9時以降は食べないようにしよう、ヨーグルトに変えよう…」とか。「自分はいつも、どんなやり方をしているのか」を知ることから「変える」ことが始まる。リニューアルする時も同じだ。

●勇気を振り絞ってグッドチャレンジしよう

私の仕事の2分の1はリニューアルの仕事だが、うまくいっていない経営者に「やり方を変えよう」と提案すると必死に抵抗する。こんな時に必要なのが「冒険する気持ち」だ。誰でも、やったことのないことは不安だ。できれば避けたいと思う。その気持ちもわかる。でもその時は「勇気を振り絞ってチャレンジしよう」と言って、リニューアルに向かって勇気づけている。

もうひとつ、今のやり方を変えずに、そのまま続けているとどういう結果になるかを、知ってもらうことにしている。「論理的な結末」というのだが、「今のやり方を続けているとどうなると思いますか？」とか「このままだと、半年後にはどんな状況になると思いますか？」と質問を繰り返し、変わらない時と変えた時の結果を比較するのだ。結果をリアルにイメージできた時、人は変えることに一歩踏み出すことになる。

欲しい結果を手に入れる"冒険"がリニューアル！

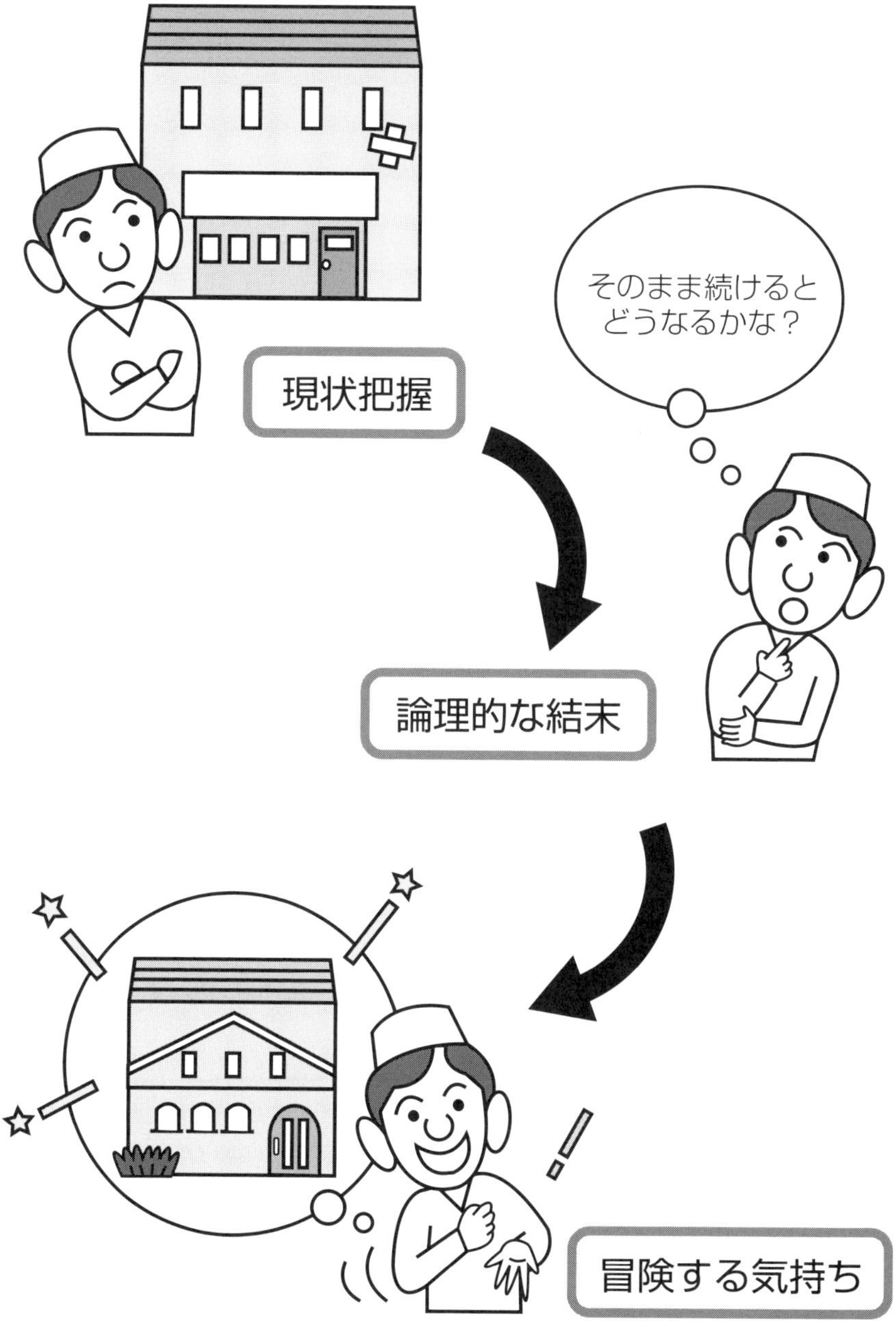

03 どんなタイミングでリニューアルしたらいいの？

リニューアルする時期に決まりはない。リニューアルの「きっかけ」は本当にさまざまだ。ただ、私がお勧めする時期はある。それは、「気持ちや資金に余裕がある時」。余裕のある時のリニューアルのほうが、圧倒的に成功率は高い。

●傘は晴れた日に買って準備しておく

雨が降ってから傘を買おうとすると、選択肢が少なかったり、高いモノを買わざるを得ない状況になる場合が多い。晴れの時にじっくりと検討して、気に入ったモノ・最適なモノを買うほうが後悔することが少ない。

リニューアルも同じだ。売上げが上がらず、追いつめられた状況でリニューアルを短い時間でプランするより、心や資金に余裕がある段階でしっかり検討し、計画的に進めることが成功の確率を高めるのだ。

●予兆を感じ取るアンテナを張り巡らそう

「店の」「お客の」小さな変化を見落とさないように、常にアンテナを張り巡らせておく必要がある。リニューアルの必要がある時、事前になんらかの予兆が必ずある。売上げ面であれば、いつも来ていた何人かのお客の顔を見かけなくなったとか、設備面であれば、エアコンのききが例年に比べ少し弱いように感じるといったことだ。

特に、売上げだけではなく「来店客数」の変化に意識を向ける必要がある。売上げが上がっていたり、変わらない場合は見落としがちになるが、意図しない客単価アップで客数が減り、売上げが変わらない状態は「客離れ」の予兆かもしれない。お客の表情や会話も多くの情報源だ。今流行の「覆面調査」のような、外部に調査を依頼して、お客様満足度を定期的に調べるのも有効な手段だ。

そうは言っても、14ページで書いたように、「駆け込み寺へ飛び込んで来る」ような切羽詰まった人達が後を絶たない。予兆を感じながらもズルズルと先延ばしにして、いよいよ追いつめられて相談に来るのだ。早めに手を打つこと、早めに専門家に相談することが、成功するリニューアルのタイミングをつかむ方法といえる。

リニューアルすべき時期を感じ取れ

商売順調資金に
余裕ができた！
売上げが
緩やかに落ちている
エアコンのききが
悪い！
最近あのお客を
みかけなくなった
水漏れしてるかも？
近くの店は繁盛してる
冷蔵庫から変な
音がする
開店して１０年
そのままやってきた

04 スタッフのやる気に火をつけるのが、リニューアル

繁盛するために「来店客数を増やしたい」「もっとお客に支持されたい」と思ったら、「スタッフのやる気を引き出す」ことを避けて通れない。改装工事によって店の内外装を綺麗に変えるだけでなく、それをきっかけに「目標を持ちイキイキとした店長」や「一所懸命に料理を創る料理人」「楽しそうに働く笑顔のスタッフ」となってはじめて、店は繁盛するのだ。つまり「スタッフのやる気に火をつける」のがリニューアルをする理由のひとつなのだ。

●リニューアルと改装は違うもの

だからこそ、リニューアル＝改装ではない。改装は、内外装工事によって「店舗の見た目」を変えることであるが、リニューアルは単なる工事にとどまらず、働く人の意識改革をもたらす。それがなければ、大きな成果は期待できない。大きな成果を上げるために、改装をきっかけに意識改革を引き出すのが、リニューアルだ。

●改装だけでは、1〜2割の売上げアップしか望めない

パシオに依頼に来る方のなかにも、最初は単純に「店のデザインを変え、改装さえすれば繁盛する」と考えている方もいる。たしかに、売上げが伸び悩んでいたり、下降線にある店が短期的な1、2割の売上げアップを望むなら、改装だけでも結果を出すことはできる。しかし、改装工事だけではそのレベル止まりで、「改装を機会に売上げが右肩上がりに」とまではいかない。何百万、ときには何千万円とお金をかけて、短期的な1〜2割の売上げアップのためにやるのでは、あまりにもったいないし、投資効率が悪い。

本書の事例で取り上げるような「売上げが倍になりました！」「3倍です！」といった、大きな効果を上げるには改装だけでは無理だ。

リニューアルを機に劇的にブレイクした店のうち、表面上一番目立つ変化は改装工事部分なので、そこだけがクローズアップされがちだ。そこで「改装したら売上げが上がった！」と思うかもしれないが、実際はそれ以上に経営者や働く人の意識改革が大きな影響を及ぼして、繁盛につながっているのだ。

改装とリニューアルにはこんなに違いがある

改装とリニューアルの比較表			
		改装	リニューアル
1	効果の持続性	△	◎
2	新規顧客の獲得	○	◎
3	客の囲い込み	△	◎
4	経営者のやる気	○	◎
5	スタッフの活性化	△	◎
6	客の満足度	△	◎
7	居心地の良さ	○	◎
8	内装の満足度	◎	◎
9	外装の満足度	◎	◎
10	ホール環境	◎	◎
11	厨房環境	◎	◎
12	各種設備	◎	◎
13	かかるコスト	◎	△
14	準備する期間	◎	△
15	実施する期間	◎	△
16	将来性	△	◎
17	働きやすさ	○	◎
18	幸福度・達成感	△	◎
19	メディアの注目度	△	◎
20	総合的な評価	△	◎

短期的で部分的な成功を手に入れるならお手軽な改装ですませることができるが、長期的で大きな成功を手にするためにはリニューアルが必要になる。

05 リニューアルによって持続力のある繁盛が手に入る

リニューアルには持続性があるが、改装だけではその効果が長続きしない。

たとえば、女性の化粧に置き換えてみると、わかりやすい。化粧法だけを変えることが「改装」で、化粧法を変えたことで内面までも変わった場合が「リニューアル」だ。

●綺麗にしたことがマイナスの評価になることもある

化粧っ気のなかった女性が〝ビシッ〟と化粧をして綺麗に変わると、しばらくの間は注目を集める。しかしその女性が、人の気分を損ねるような無神経な言葉遣いをしたり、たばこをスパスパ吸いながら歩いていたら、「化粧を変えて綺麗になったけど、あれじゃあなぁ」と、化粧を変え綺麗になったことを、皮肉られるのではないだろうか?

一方、化粧も変わったが性格もプラスに変わった。細かい所に気がつくようになり、優しい笑顔がみられるようになった、となるとどうだろうか?

表面だけでなく内面もプラスに変化した人は、たとえ化粧を落とした後も、その魅力が衰えることはない。

●集客の持続期間に大きな差がでる!

化粧を変えた女性を、飲食店に置き換えてみるとこうなる。新しく綺麗に変わった看板や外観に惹かれて期待して入ってみたら、料理は変わっていないし、店員の接客もあいかわらず悪い。そうなると、期待して来店した分だけ、悪いところが余計に目につく結果になる。

一方、看板や外観も変わって、接客も心配りが行き届くようになり、優しい笑顔がみられるようになった。料理も美味しくなり、魅力的なメニューが並ぶようになった。

こうなると「また来てみよう」「友達にも紹介しよう」となるはずだ。

改装の効果が短期的なものであるのに対して、リニューアルの効果は、はるかに長く持続する理由がここにある。見た目の変化だけでも、しばらくの間は注目を集めることができるが、中身が伴わなければすぐに見放されてしまう。持続力に大きな差がでるのだ。

綺麗にすれば繁盛する?

成功したリニューアル

「気軽な雰囲気」(オープンカウンター)、「リーズナブルな企画」(ライスのお替わり自由)が立地や客層にマッチ

失敗したリニューアル

雰囲気はよくなっておしゃれになったが、その店を利用する客層がいる立地ではなかった

お店を綺麗にすれば繁盛するというものではない。綺麗にリニューアルしたことによって、今までその店の長所だったところまでなくしてしまうことも多々ある

06 リニューアルの準備ってどんなことがあるの？

今、世の中がどんな方向に向かって流れているのか、時流と店の将来の姿を重ね合わせてイメージすることが必要になる。リニューアルの準備段階で、世の中の流れをつかんでおくことは最も大切なことだ。

●「シングル化」がリニューアルの方向性を決めている

たとえば、今、世の中は少子化、シングル化という大きな流れがある。一人暮らしの世帯が増えて「シングル社会」という現実がやって来ている。世の中がどんな方向に流れているかを意識すると、これから先ボリュームを持つ客層は、一人客や二人客になっていくといえる。そうした将来を見据えて、どんな雰囲気・レイアウトの店を創り、どんなメニューに変えてゆけばいいかということを、リニューアルに取り掛かる前に考えることだ。

●成功するリニューアルは、スタッフやお客を巻き込む

リニューアルが経営者の独断で行われ、プランがすっかりでき上がってからスタッフに知らされるということが多い。私から言わせると、とてももったいない話だ。店のスタッフを巻き込んでリニューアルが進んでいくように「根回し」をしておくことも、成功につながる大切な準備のひとつといえる。

まずは、現場で働くスタッフを巻き込み、その意見を汲み上げることから始めればいい。社員はもちろん、アルバイトやパートにも準備段階からミーティングに加わってもらい、意見を聞くだけでも「店をよくしていこう」というプラスの参加意識が生まれてくる。

お客に「これからリニューアルするのですが、どんな店になったらいいと思いますか？」といったメッセージを投げかけて期待感を高め、巻き込んでゆくのも準備のひとつだ。

東京・国立の繁盛ラーメン店「まっこうや」は、リニューアルに際してお客に「まっこうやに望むこと」というアンケートを取った。

居酒屋的な使われ方をしているラーメン店のせいか「待ち時間もテーブル席に座りたい」という要望が多かったので、座席を増やすリニューアルを実施し、さらに売上げを伸ばした。

お店の使われ方にあわせたリニューアル

東京・国立の「ラーメン　まっこうや」は夜遅い時間帯にラーメン居酒屋的な使い方をするお客が増えて滞在時間が長くなってきた。窓際にひとつテーブル席を増やすリニューアルによって対応した

⬆ラーメン　まっこうや
計画的にデザインされたインパクトのあるポスターで店の雰囲気を変えてゆくのも、手軽にできるリニューアルの手法。アイデア溢れるまっこうやでは、さまざまな企画や新商品をつぎつぎと提案している

07 リニューアル計画の具体的な進め方

まず、リニューアルする目的と目標を明確にする。リニューアルに着手するに当たって、なぜリニューアルをするのかという「目的」を明確にしておくことは重要なことだ。このことが、リニューアルのコンセプト（＝どんな店にするのか）になってゆく。

●リニューアルで達成する目標を決める

次に、達成する目標を決める。リニューアルで手に入れる結果をできるだけ具体的にしておく。売上げ、来店客数、利益など数値的なものから、お客が店から受ける印象、スタッフの接客方法など数値以外のイメージ目標も決める。

リニューアルが改装だけにとどまらず、スタッフの意識改革であることを思い出してほしい。

リニューアルを通して、スタッフにも劇的なプラスの変化が起きなければもったいない。「何となくうちもリニューアルしてみようか」では、時間やお金を費やしてもよいものはできない。

目的と目標を定め、「完成後の店の姿」を創り上げてから計画書を作成する

●リニューアル計画書を作成する

成果を上げるためには、しっかりとしたリニューアル計画書を作成しておく必要がある。

リニューアルコンセプトの決定、資金計画から始まって、営業計画、設計施工業者の選定から、オペレーショントレーニング、新メニュー開発、スケジュール表の作成……と、目標を達成するために計画しなければならないことは数多い。

このとき、昔からある、５Ｗ１Ｈ法が役立つ。「いつ」「誰が／誰に」「何を」「どのように」するのかを具体的に決めて、計画書に落とし込んでゆく。

特に、計画を進めてゆく上でスケジュール表は重要なポイントになる。「いつ」「誰が」「何を」やるのかが、スケジュール表で明確になるからだ。

スケジュールの立て方のコツは、リニューアルして再開店する日から「逆算した時間軸」でやることを決めてゆくことだ。

コンセプトシートの作り方

Shop renewal plan Visual Comcept 060710
千住籠太リニューアル企画書

隠れ家　炭火串焼き家

「炭火串焼き」にプラスして、ろばた焼き（野菜・肉・魚介類）料理を

店舗コンセプト

ターゲット
月〜木・金
●北千住エリアで働く、大人の男女30代まで（OL・サラリーマン）
2人〜4人がメイン。
●20代前半から40才まで。（宴会需要に対して、50才の部長に抵抗感がない）
土・日・祭
●北千住に遊びに来た、20〜30代のカップル。
●含むニューファミリー

キーワード

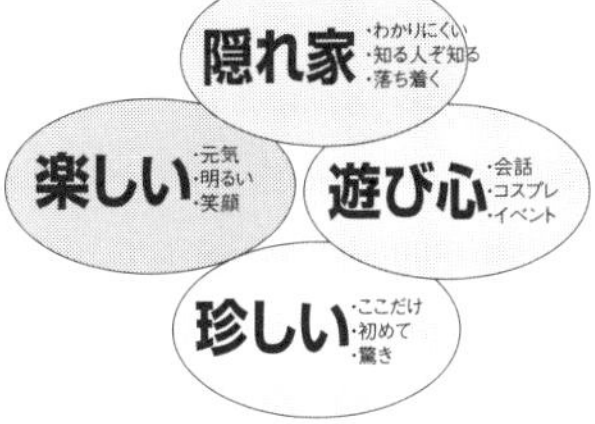

料理
●炭火串焼き（タレ、塩で食べる鶏、牛、豚、野菜、巻物）
瓦出し。竹筒、ザル、竹トング
●あっさり串焼き（醤油味をベースとした、おろしニンニクで食べる。）
■牛てき■さがり■せせりなど、聞いた事のない部位
●キャベツのお通し（手ちぎりの高原キャベツ）
●ニンニクメニュー
■ホクホクにんにく■にんにく焼き■熟成ニンニク■ガーリックトースト
■ろばた焼き
そして
■東京煮込み（赤・白・黒）■トマトのおでんなど

ドリンク
●オリジナルカクテル
●地焼酎●日本酒〔半合・1合売り）シェリーグラスなどで提供
■純米酒以上■無濾過のお酒■にごり酒など

客単価
●3,700円

その他
●BGMーボサノバ
●店内暗い（ろうそくキャンドル）
●ユニフォーム（コックコート）

集客
●わかりにくく・入りにくくするので、インターネットなどでの広告が、1ヶ月程必要
●口コミだけが集客手段。（来店者への1,000円金券はok）
●口コミが起きる内容・接客（当初はイベントなど）
●最初は客数減る。
●北千住のカップルに、絶対にまた来たいno.1店になる事。

PASIO CO.,LTD.

コンセプトシートは

- **●前書き**
- **●基本コンセプト**
- **●店舗イメージコンセプト**
- **●メニューコンセプト**

など、店舗のさまざまな側面にあわせて創ることができる。コンセプトづくりに厳密な決まりはない。

ここでは核となる店舗コンセプトの例が示されている。例示されている店舗コンセプトは店舗概要的なまとめ方がされていて、ターゲット、料理、ドリンク、ショップコンセプトの鍵となるキーワード群、客単価や集客戦略といった項目がまとめられている。自分の頭の中では十分にまとまっていて、語り出すと止まらない経営者でも、簡潔に文章でまとめることはなかなか難しい。多くの人が共通認識をもって共同作業をする場合、こうした明文化されたシートはコミュニケーションを円滑化するうえでとても大切だ

Column

リニューアルは簡単！

リニューアルを難しく考える必要はない。工夫次第、意識の持ち方次第で、身近なことからでも、繁盛につながるリニューアルをすることが簡単にできる。大切なのは、リニューアルした結果手に入るものが、あなたやスタッフ、お客にとって「ワクワク」する楽しいものかどうかだ。「もっとお客様に喜んでもらいたい」「スタッフが楽しくなるために何か変えよう」――経営者なら、何かしらそんな思いを持っているはずだ。始まりはそんな身近なことからでいい。

大きな投資をして、内外装工事をすることだけがリニューアルだと考えてしまうと、行動が遅くなり、時流にとり残されてしまう。些細なことから変えていくことがリニューアルだと思うと、気持ちが楽になり素早く行動に移せるはずだ。

25年も前の話だが、メガネ屋の店頭に「見物大歓迎」というポスターを貼っただけで、それまでの3倍以上の集客に成功したことがあった。この応用で、居酒屋のメニュー・リニューアルにあたって「新商品の試食を手伝って！」と表示したポスターとサンプルを店頭に置き、新商品を半額で提供した。結果は大成功で、通常の2倍以上のお客が入り、面白いイベントをやる店という評判も得た。季節のお勧めメニューを入れ替える時にもこの方法は使える。

小さなことでも、スタッフやお客を巻き込みプラスの影響を与えるとしたら、立派なリニューアルだ。

2章

絶対成功するリニューアルとは？

01

リニューアルコンセプトを決める

本書では、「リニューアルコンセプト」という言葉を「リニューアルによって、どんな店にしたいのか？」という意味で使っている。

繁盛店にするために、あなたの店独自の個性や魅力、将来像を創り上げてゆくのがコンセプトづくりだ。「どんな店にするのか」が漠然としていては何も始まらない。出発点ともいうべきコンセプトが決まっていて、初めて何をどう変えればいいのかが明確になってゆく。

●コンセプトを絞り込む

まずは、雑誌やインターネットを通して情報を集めること。そして、実際に自分で足を運んで他の繁盛店を見て回ったり、セミナーに出席したり、専門家に話を聞いて「体験」を重ねることが重要だ。リニューアルを成功させる人は行動力がある。

パシオでは毎月、東京の「テンポス新宿センター」で少人数制のセミナーを開催しているが、リニューアルを検討しているという参加者が目立って多い。そうした人の話を聞くと、コンセプトが絞りきれていないのに、設計を始めていたり、工事改装の段取りをしているといったケースが数多く見受けられる。「リニューアルを検討しています」という人に「コンセプトはできていますか？」と尋ねると「できています！」と返事がかえってきて、「あれもいい、これもしたい」といろいろしゃべり出す。しかし、詳しく話を聞いてみると、大概はイメージが膨らんでいるばかりだ。「リニューアルによって、どんな店にしたいのですか？」と尋ねると、絞り切れていないケースが多い。

●コンセプトは文章にしてみよう

コンセプトは、自分の頭の中で考えるだけでなく、短い文章にまとめてみることが大切だ。文章にしようとすると、まとまっていないことに改めて気づかされることがある。また、文章にすると、まず自分自身に対して、そしてスタッフや関係する各業者など、協力者に対してもわかりやすい。

何より、その延長線上にいるお客に対して、何が変わっていくのかがわかりやすく、伝わりやすい。

コンセプトを導きだす

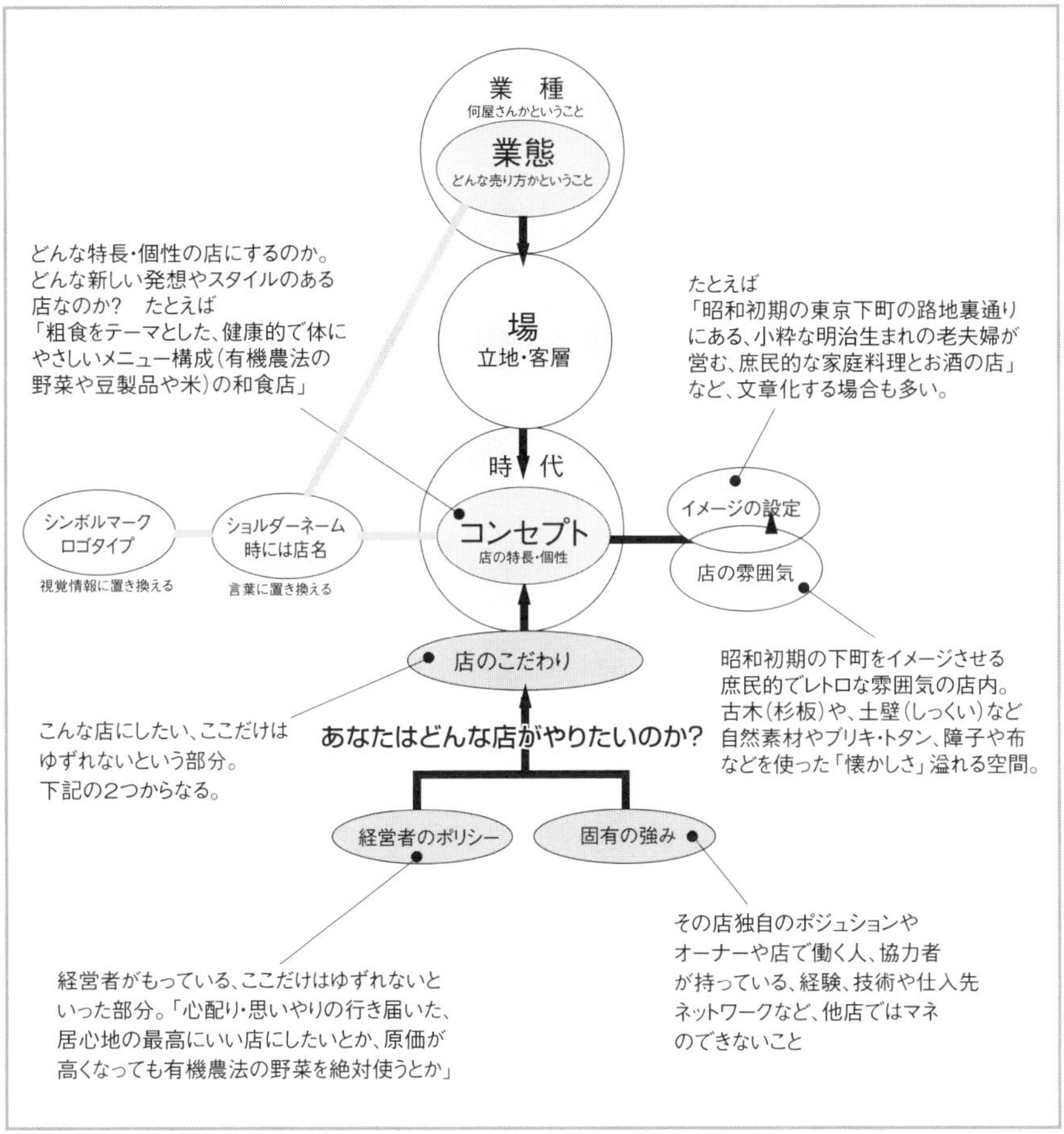
業　種
何屋さんかということ
業態
どんな売り方かということ
場
立地・客層
時　代
コンセプト
店の特長・個性
どんな特長・個性の店にするのか。どんな新しい発想やスタイルのある店なのか？　たとえば「粗食をテーマとした、健康的で体にやさしいメニュー構成（有機農法の野菜や豆製品や米）の和食店」
たとえば「昭和初期の東京下町の路地裏通りにある、小粋な明治生まれの老夫婦が営む、庶民的な家庭料理とお酒の店」など、文章化する場合も多い。
シンボルマーク
ロゴタイプ
視覚情報に置き換える
ショルダーネーム
時には店名
言葉に置き換える
イメージの設定
店の雰囲気
昭和初期の下町をイメージさせる庶民的でレトロな雰囲気の店内。古木（杉板）や、土壁（しっくい）など自然素材やブリキ・トタン、障子や布などを使った「懐かしさ」溢れる空間。
店のこだわり
こんな店にしたい、ここだけはゆずれないという部分。下記の2つからなる。
あなたはどんな店がやりたいのか？
経営者のポリシー
固有の強み
経営者がもっている、ここだけはゆずれないといった部分。「心配り・思いやりの行き届いた、居心地の最高にいい店にしたいとか、原価が高くなっても有機農法の野菜を絶対使うとか」
その店独自のポジュションやオーナーや店で働く人、協力者が持っている、経験、技術や仕入先ネットワークなど、他店ではマネのできないこと

02

「訊くマーケティング」で何を変えるかを絞り込む

米国マーケティング協会（ＡＭＡ）によれば、マーケティングとは「組織とステークホルダー両者にとって有益となるよう、顧客に向けて「価値」を創造、伝達、提供したり、顧客との関係性を構築するための、組織的な働きとその一連の過程」と、なんとも堅苦しい定義があるが、本書では簡単に「情報収集と活用」と定義する。「いいな」と思う店を実際に訪ね、食べ飲み体験することは立派なマーケティングだ。

その際に、家族やスタッフと一緒に店をまわり「訊く」マーケティングをすることをお勧めしたい。

●訊くマーケティングで〝お客〟の気持ちを引き出す

「聞く・聴く」が人の話に耳を傾けることなのに対して、「訊く」とは相手に質問をすることを意味する。訊くマーケティングとは、質問して人の「気持ち」を訊き出すマーケティングである。店回りをすると、どんな内外装で、どんなメニュー構成かなど物理的、数量的なところに自然と意識が集中する。もちろん、それらは視察時に抑えておきたい大切なことだが、それ以上に同行した人の気持ちを訊いてみることをお勧めする。なぜなら、そこから出てくる答えは、お客の立場から見た店のイメージに近いからだ。「接客はどう感じた？」「料理はどうだった？」という具合に、店の印象や店で体験したことに対して、感情部分を引き出すようにする。自分はよい店だと思っても、一緒に同行したスタッフに「どう思った？」と尋ねてみると、意外と自分では気づかない点を指摘されるものだ。

●人は理屈では動かない

人間は感情の動物だ。お客の感情を汲み取ってこそ、繁盛につながるリニューアルができる。物理的な点にだけ目を奪われてマーケティングしても、よい結果が出ない。「感情」の視点が疎かにされることが多いからだ。

自分ひとりで店回りをするなら、感情面でのチェックリストを準備しておいて、自分で自分に問いかけてみるのもいいだろう。自分がお客の視点に立って、店を感じることを心がける。感情的な部分に視点を広げて、マーケティングすることがリニューアルの成功につながる。

店舗チェックリスト

店舗チェックリストー「雰囲気」

雰囲気とは、清潔感（安全・安心）がベースになることはもちろん、居心地の良い環境になっているか、異空間・非日常感の演出がなされているか、演出・テーマ性があるか、内外装、すべての物に気が行き届いているか、など（雰囲気を創るのは、従業員やお客様であるのはもちろんのこと）

■アプローチ

立地環境		
外装（デザイン・清掃）		
外装（清掃）		
看板（遠視性）		
看板（デザイン・内容）		
メニュー表示		
サンプルケース（ディスプレイ・清掃）		
駐車場（収容台数・清掃）		

■環境

空調の具合		
BGM（選曲・音質・音量）		
照明の明るさ		
雑音		
異臭		
演出の工夫		
居心地		

■クレンリネス

イス・テーブル		
カスターセット		
通路		
壁面		
窓ガラス		
照明器具		
インテリア（家具・額・植木など）		
インテリアのテーマ・一体感		
化粧室		
トイレ		
レジ周辺		
カウンター周辺		
厨房出入口付近		
器具・備品の破損		

「何を訊く必要があるのか？」――あらかじめチェックリストを用意しておくことは大切だ。ここではパシオで実際に用いているチェックリストの一部を紹介している

03

目的をハッキリさせる

リニューアルには「新しくする」という意味がある。当然、今まであるものをさらによいものへと、新しく変えてゆくことがリニューアルだ。どこをどう変えていくのかをハッキリとさせて、今までのよいところを残しつつ、新しいものを付け加えてゆく必要がある。リニューアルによって「何を手に入れたいか」ということを、目的としてしっかりと持っておくべきである。目的を尋ねると「月商500万!」とか「来店客数を2割増やす」といった類の数量的なものを答える人が多いが、それは目的を達成するための目印である目標のひとつだ。

●目標の先に目的がある

お店を繁盛させた結果どうなるのか? どうしたいのか? というのが目的だ。「スタッフがイキイキとした店にする」とか「地域で一番愛される店になる」といったものが目的といえる。最も大切なのは、目的が「自分やスタッフにとって楽しいものになっているか」ということだ。目的が楽しいものでないと、目標を定めてもなかなか行動へと結びついていかない。

東京・新宿にある「銀しゃりとひもの炭火焼　こころむすび」という居酒屋では、「心と心が結ばれるきっかけづくりをする」を目的としている。このように、ワクワクするような楽しい目的をもって店のリニューアルを行うと大きな成功へとつながる。

子供の頃の遠足で「グループ全員で協力して、頂上へ昼の12時までに着くこと」というような決まりごとを経験したことはないだろうか? たとえるなら、それは遠足という楽しいプロジェクトを成功させるための目標のひとつだ。では目的は何かというと「学校の友達と、いつもと違う場所で一緒にひと時を楽しむ」ことになる。そう考えると目標と目的の違いがわかりやすくなる。

●目的があなたの店のテーマになる

成功する経営者は、しっかりとした目的をもっている。ときには、経営者の人生の目的やポリシーがそのままリニューアルの目的になっている場合もあり、「目的＝リニューアルのテーマ」と言い変えることもできる。そのテーマに向かってリニューアルをプランするのだ。

「心と心が結ばれるきっかけづくり」を目的にリニューアル

東京・新宿の「銀しゃりとひもの炭火焼　こころむすび」、リニューアル前の旧店舗の様子

リニューアルされた外観。旧店舗と比較するとその魅力は一目瞭然。オーナーの石田さんは、和食の料理人としての経験をもっていながらも柔軟に新しいものを取り入れてチャレンジしている

⬆銀しゃりとひもの炭火焼　こころむすび

04

目標を定める

目的を手に入れるための里程標（マイルストーン）が目標だ。目的に到達するためには「いつまでにどんな状態にするのか」という目標が必要だ。目標を目指して、その期間にやるべきことを集中させることができる。

●パシオの3・1・2法

パシオでは目標を設定してゆく上で「3・1・2法」を用いている。

まず、目的を決める。そして、目的を手にするために達成する、最終目標を定める。リニューアル計画期間全体を3つに区切り、まず、最終目標を3の段階に設定する。次に、1の段階「目的を達成するための準備」を始める。それから2の段階「1の準備段階達成でずれてしまった点や、足りない点を、最初に決めた最終目標に向け、見直し修正する」へと進んでゆく。

スタートはしたものの、進めてゆく段階で方向が知らず知らずのうちに変わっていってしまうことがある。それを途中でレールに乗せ直すように方向修正したり、時には別の方法に進め方を変更したりするのに、3段階に区切っておくことは便利だ。

パシオが運営する「鉄脳アトム倶楽部」という勉強会で、この「3・1・2法」を導入して各自の目的達成法として使っているが、面白いほど、欲しい結果が手に入る。

●ハードルがあるから高く飛べる

走り高跳びで、「バー」がなければあんなに高く飛べないそうだ。バーという明確な目安・目標があるからこそ、それを超えようとして高く飛べる。ただ高く飛ぼうとしても、バーという目標がなければ高く飛べない。バーを超えようとして、思う通りいかなかったり、足りなかった所を改善するために、工夫が生まれ技術を磨くようになる。そして、目標を達成し記録が生まれる。

リニューアルも同じだ。目標を掲げるからこそ、それを達成するために工夫やアイデアが生まれる。魅力ある目標があるからこそ、スタッフにやる気や団結が生まれて、リニューアルが成功するのだ。魅力ある目標を定めることが、店主・店長の重要な仕事となる。

「3・1・2法」で成功を手にする

1 準備 → 2 修正 → 3 最終目標

まず **最終目標 3**

「どんな目標をもってリニューアルをしてゆくのか？」→最終的な店の変わるべき姿についてイメージをまとめる。たとえば、高級な和食店から気軽に楽しめ個性のある炭火串焼き居酒屋へのリニューアル、新規の若い会社員が毎日でも会社帰りに寄る店、など

↓

次に **準備 1**

「最終目標を達成するために必要な準備に着手する――どんな内外装やサービス、料理や飲み物の店が受けているのかといったマーケティングやお店回りにはじまり、自分のこだわり、やりたいことを加味して業者を選定し、計画を推し進める

↓

その次 **修正 2**

実際に計画をスタートさせてみると、思っていたようにいかないことや思わぬアクシデントにみまわれることが普通にある。そんなとき成功につながるのは、適切な判断力をもって軌道修正してゆくことだ

高級な和食店からカジュアルな炭火串焼き店にリニューアルを開始した、流行っている店を回り、炭の扱い方を修行したり、内外装のイメージも固まった、それでも繁盛するためにお店の個性を作る必要に気づき、提供スタイルや主力商品を開発してゆくといった具合に、「3・1・2」のステップで仕上げる

05 資金計画・売上げ計画の立て方

リニューアルに「どれくらいの資金が使えるのか」を早い段階で明確にしておくことは重要だ。別の言い方をすれば、「自分の目的を達成するためにはいくらお金がかかるのか」を把握しておくことだ。

資金計画を立てると「何をどのようにして行おうとしているのか」も見えてくる。全部自分でできるのか？ 全部外部に委託するのか？ それとも部分的に委託するのか？ といった具合に、資金計画を通してリニューアルのやり方が具体的に見えてくる。目的を手に入れるための、お金の配分をあらかじめ決めておくのだ。

「資金が足りない」からと、全部自分でやろうとする人がいるが、それは多くの場合、資金計画がハッキリしていない人だ。安くリニューアルすることが目的になってしまっている。お金は道具だ。目的を手に入れ、目標を達成するためにはどこにお金をかけるべきか計画する必要がある。

●具体性が大切

どれだけ投資をして、どれだけの回収を見込むかは、開業計画を立てる上でのポイントになる。ざっくりとした目安だが、最低でも投資した金額の2倍の売上げ増を1年間で達成したい。たとえば、リニューアルに500万円を投資するなら、2倍の1000万円の売上げ増を年間で上げる計画を立てる。そして、その売上げ目標をクリアするためには、何が必要なのかを計画する。

●実績を積んでリニューアルにとりかかる

公共の融資機関や銀行など、お金を貸す側に言わせると、「お金がある人や経験・実績のある人」に貸すそうだ（お金がないから借りにいくのに……）。そうなると、資金調達のためには実績がモノを言うことになる。

リニューアルとは、すでに開業して実績を積んでいる店が実施するものなので、開業時に比べて融資を受けやすい（上手くいっている店の場合）。開業時には資金繰りで苦労しても、リニューアルとなると、思いのほか多額の資金調達が可能になる。もちろん、お金を多くかければ成功するという保証はないのだから、費用を低く抑えられるなら、それにこしたことはない。

開業計画書の数字は現実的に考える

開業計画書／3.売り上げ計画　NO.4

店名	炭焼本舗ふくのや（味泉食堂）	
	スペース:1階·12坪／19席（＋座敷14席）	
立地	路地裏（官公庁街）	
業種	営業日数:25日／月　定休日:日曜日	
営業時間	「昼」	客単価
	平日「月～金」（11:30～14:00）2.5H	700～750円
	「夜」	
	平日「月～木」（17:00～22:30）5.5H	3,500～3,700円
	金曜（17:00～23:00）6H	3,500～3,700円
	土曜（17:00～23:00）6H	3,500～3,700円

売上予想／客席数×稼働率×客席回転数×客単価×営業日数　（スタッフ数／人）

「昼」

1.平日「月～金」／稼働率80%（33席×80%=26人）×客席1.6回転＝　41　4

	客単価	日当たりの売上	営業日数	月当たりの売上
■A	700	28,700	16	459,200
■B	750	30,750	16	492,000

※テイクアウト／お弁当@600円×20食=12,000円×20日（月～金）=240,000円

06

立地特性を読む

今まで営業してきた場所でのリニューアルとなれば、土地勘に加えてご近所やお客からの情報もあるので、新規開業よりも立地特性を見極める上でかなり有利な立場にある。開業時は、オフィス立地だと思ってサラリーマン客を見込んでいたのに、いざ営業を開始してみると「意外に学生客が多かった」などと、見込みと現実とのギャップに直面したかもしれない。リニューアルを機に、今一度、店の立地特性を深く考えるべきだ。立地特性をしっかりとつかむことが、成功には欠かせない。

●立地特性の変化は加速している

高齢化社会を迎え、街の様子も変わってきた。東京都練馬区の公団「光が丘団地」の募集が6000倍を超える超高倍率を記録したのはもう20数年前のことである。小学生の子供がいる夫婦で街は溢れかえり、周辺の店は若いファミリー層をターゲットにしていた。ところが現在はというと、子供達は成人して巣立ち、8校あった小学校は4校に統合された。いつのまにか、熟年二人世帯の街へと変わっているのだ。スーパーマーケットの惣菜売場も、パーティー用のオードブルやお寿司の盛合わせが幅をきかせていた時代から、一人、二人用の焼き魚や煮物が幅をきかせている。そうした世帯の中身の変化に的を絞ったリニューアルをすることが大切だ。

●「将来どうなるのか」が鍵を握る

新しいビルの建設や鉄道の開設などが、立地特性に大きな影響を及ぼすことは言うまでもない。

東京の九段下駅周辺は、ビジネス街でもパッとしない寂れたイメージがあった。ところが最近は、製薬会社やアパレルの本社などが入る高層ビルが建設されて、オフィス人口が増えて賑わいが生まれてきた。九段下駅周辺なら、神田や新橋の古いビルと同じ家賃で、インターネットに対応した綺麗なインテリジェントビルに入れるからだ。

最近手掛けた「Latin Izakaya Rodoriguez」というワイン居酒屋も、そうした立地特性の変化を読んで、年配のサラリーマンをターゲットにした和食居酒屋から、働く若い女性向けの店にリニューアルした例だ。

「オヤジの街」新橋のイメージ

街の客層をよく考えてのリニューアルのポイント。「オヤジの街」のイメージが強い新橋のような街で、お洒落な若い女性ターゲットの店を企画するのは、大きな冒険。同じ新橋でも汐留ならお洒落な店の企画が浮上してくるから不思議なものだ

07 価格戦略をしっかり立てる

他店との差別化のために、リニューアルの際に価格帯を変えることも有効だ。たとえば、最もわかりやすいのは瓶ビールの値段である。480円で出していたビール中瓶を550円にしたとする。周りの店が480円で出しているエリアなら、お客に対して「うちの店はワンランク上の店ですよ」という意思表示になる。年配のお客にターゲットを定め、落ち着いた大人の使われ方をする店として差別化するためにとった価格戦略だった。

●意味のある価格付けをする

お客は価格に敏感なので、値付けによって店の求める客層を伝えることができる。東京・銀座のビル3階にあるバー丸五では、「うちは大衆的なバーではなく、しっかりとした大人のバーです」といった意味をこめてビール中瓶700円という看板を1階に出している。カクテル800円と表示しても高い店か安い店かわかりにくいが、ビール中瓶700円と表示すると「大人が来る高い店」ということが伝えられる。

高い値段をつけるのがいいと言っているのではない。周りの店より安くする場合や、同じにしたほうがいい場合もあるだろう。大切なのは価格付けを戦略的に捉えて、差別化の武器にしてゆく発想を持つということだ。

●個人店の勝機は差別化にあり

個人店の場合は大手チェーンとくらべて仕入れ値が高い。低価格競争で個人店が大手と競い合っても勝ち目はない。逆に、価格を高くすることによって何か差別化できないか？　と発想することが大切だ。

34ページでも取り上げた、「銀しゃりとひもの炭火焼　こころむすび」では680〜780円くらいの「ひもの」がウリだった。しかしリニューアルを機に、「のどぐろの一夜干し　1500円」といった商品に変えた。値段は高いが、品質のよいものを出して「とびきり旨いね！」とお客から言われるのを狙っている。

大手チェーン居酒屋と同じような商品を仕入れて、大手が580円で売るものを680円で売っても差別化にはならない。大手では高くて売れない価格帯の商品を出すことで、差別化できるのだ。

戦略的に価格を考えたメニュー

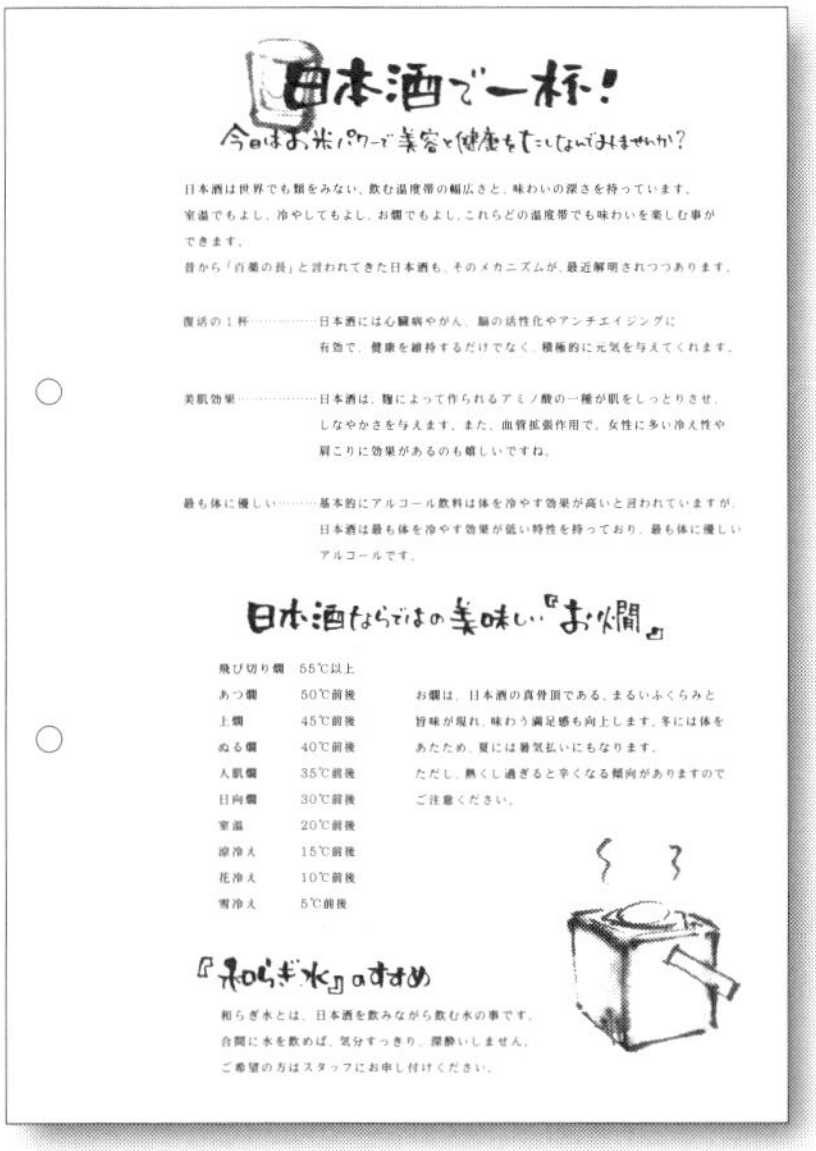

日本酒で一杯!
今日はお米パワーで美容と健康をたしなんでみませんか?

日本酒は世界でも類をみない、飲む温度帯の幅広さと、味わいの深さを持っています。
室温でもよし、冷やしてもよし、お燗でもよし。これらどの温度帯でも味わいを楽しむ事ができます。
昔から「百薬の長」と言われてきた日本酒も、そのメカニズムが、最近解明されつつあります。

復活の1杯……日本酒には心臓病やがん、脳の活性化やアンチエイジングに有効で、健康を維持するだけでなく、積極的に元気を与えてくれます。

美肌効果……日本酒は、麹によって作られるアミノ酸の一種が肌をしっとりさせ、しなやかさを与えます。また、血管拡張作用で、女性に多い冷え性や肩こりに効果があるのも嬉しいですね。

最も体に優しい……基本的にアルコール飲料は体を冷やす効果が高いと言われていますが、日本酒は最も体を冷やす効果が低い特性を持っており、最も体に優しいアルコールです。

日本酒ならではの美味しい『お燗』

飛び切り燗	55℃以上
あつ燗	50℃前後
上燗	45℃前後
ぬる燗	40℃前後
人肌燗	35℃前後
日向燗	30℃前後
室温	20℃前後
涼冷え	15℃前後
花冷え	10℃前後
雪冷え	5℃前後

お燗は、日本酒の真骨頂である、まるいふくらみと旨味が現れ、味わう満足感も向上します。冬には体をあたため、夏には暑気払いにもなります。
ただし、熱くし過ぎると辛くなる傾向がありますのでご注意ください。

『和らぎ水』のすすめ
和らぎ水とは、日本酒を飲みながら飲む水の事です。
合間に水を飲めば、気分すっきり、深酔いしません。
ご希望の方はスタッフにお申し付けください。

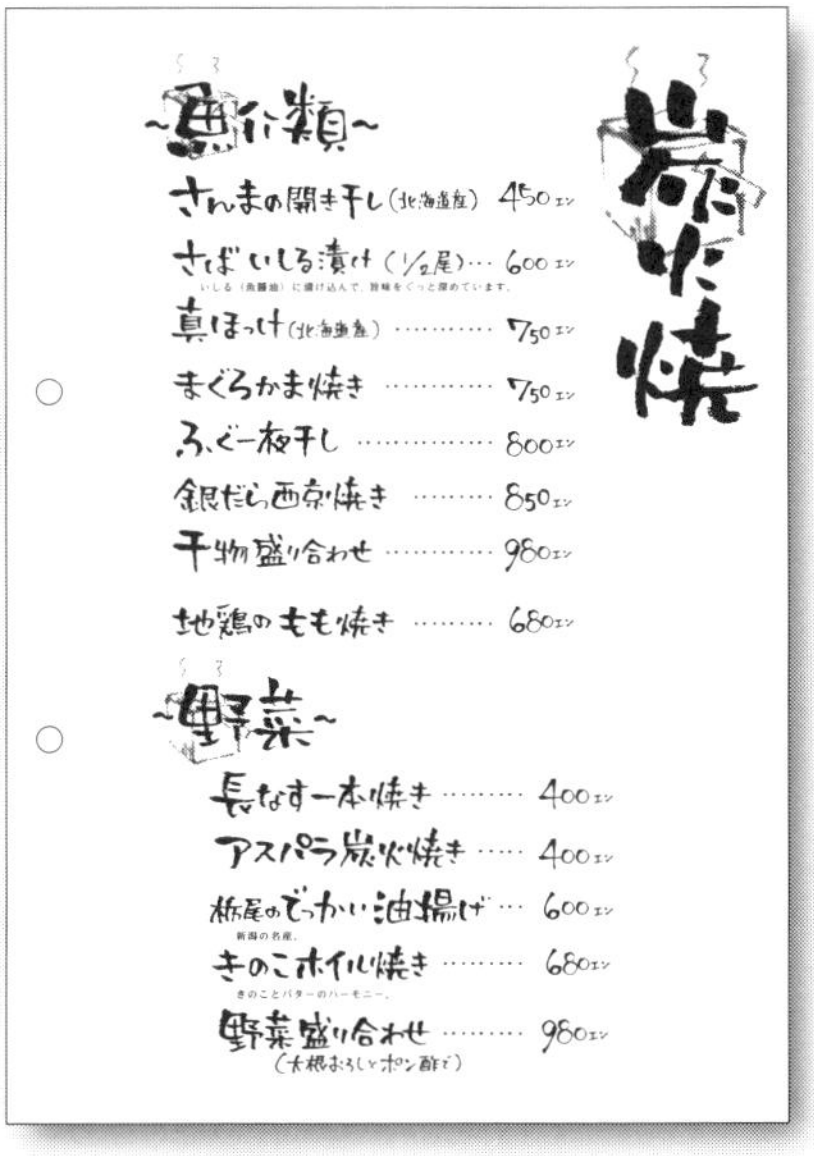

炭火焼

~魚介類~

さんまの開き干し(北海道産) 450エン
さば いしる漬け(1/2尾)… 600エン
いしる(魚醤油)に漬け込んで、旨味をぐっと深めています。
真ほっけ(北海道産)……… 750エン
まぐろかま焼き……… 750エン
ふぐ一夜干し……… 800エン
銀だら西京焼き……… 850エン
干物盛り合わせ……… 980エン
地鶏のもも焼き……… 680エン

~野菜~

長なす一本焼き……… 400エン
アスパラ炭火焼き…… 400エン
栃尾のでっかい油揚げ… 600エン
新潟の名産。
きのこホイル焼き……… 680エン
きのことバターのハーモニー。
野菜盛り合わせ……… 980エン
(大根おろしとポン酢で)

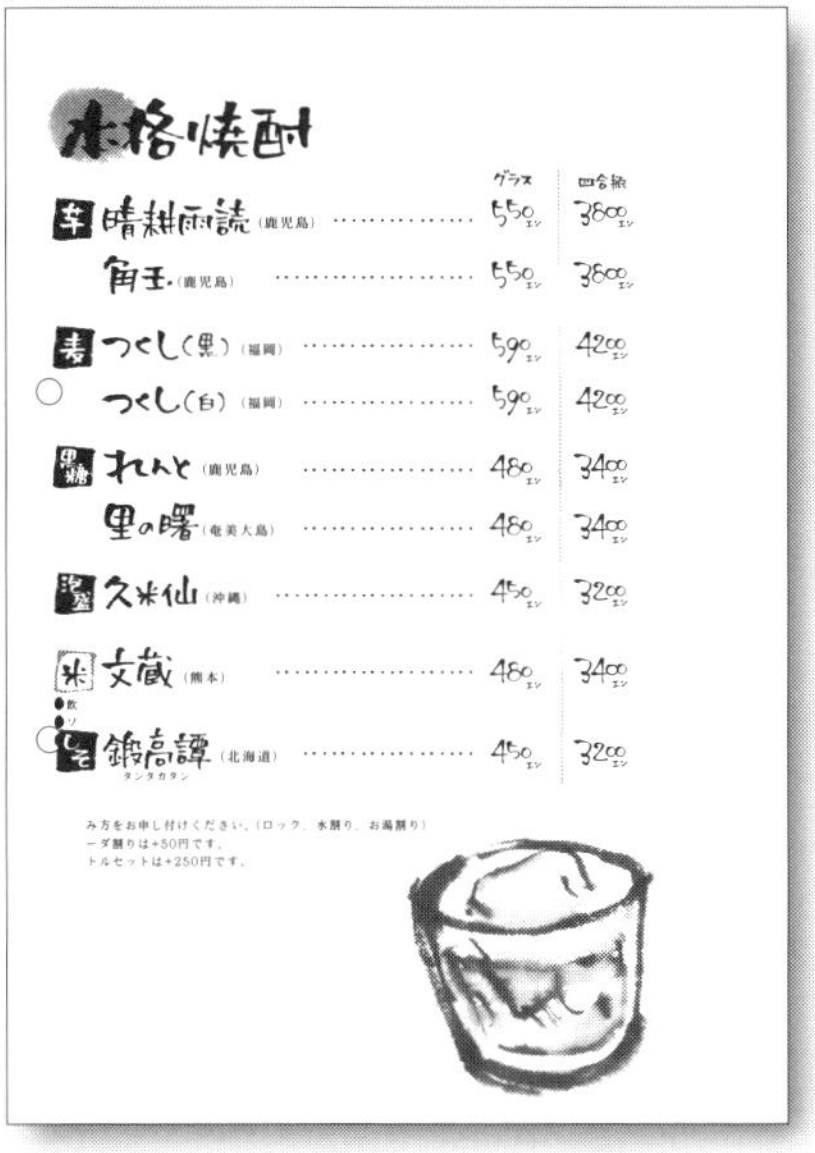

本格焼酎

		グラス	四合瓶
芋	晴耕雨読(鹿児島)	550エン	3800エン
	角玉(鹿児島)	550エン	3800エン
麦	つくし(黒)(福岡)	590エン	4200エン
	つくし(白)(福岡)	590エン	4200エン
黒糖	れんと(鹿児島)	480エン	3400エン
	里の曙(奄美大島)	480エン	3400エン
泡盛	久米仙(沖縄)	450エン	3200エン
米	文蔵(熊本)	480エン	3400エン
しそ	鍛高譚《タンタカタン》(北海道)	450エン	3200エン

●飲
●ソ
み方をお申し付けください。(ロック、水割り、お湯割り)
ーダ割りは+50円です。
トルセットは+250円です。

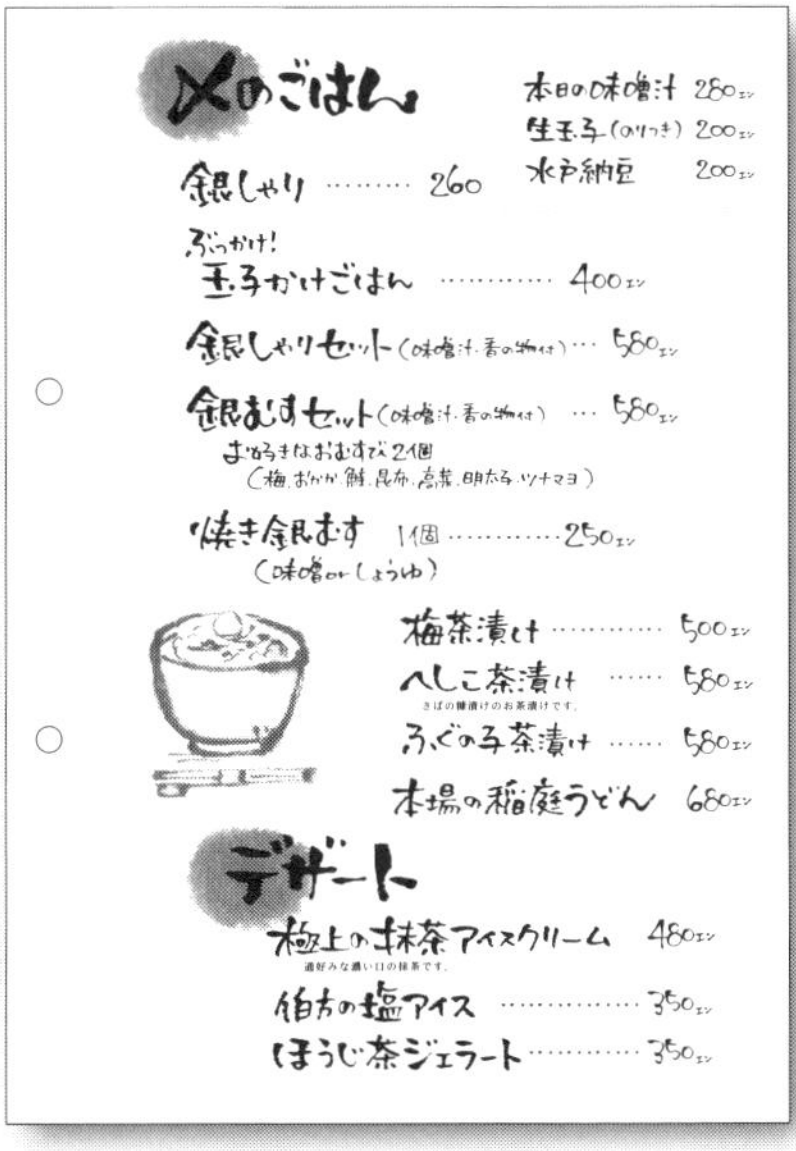

〆のごはん

本日の味噌汁 280エン
生玉子(のりつき) 200エン
水戸納豆 200エン

銀しゃり……… 260
ぶっかけ!
玉子かけごはん……… 400エン
銀しゃりセット(味噌汁・香の物付)… 580エン
銀むすセット(味噌汁・香の物付)… 580エン
お好きなおむすび2個
(梅、おかか、鮭、昆布、高菜、明太子、ツナマヨ)
焼き銀むす 1個……… 250エン
(味噌 or しょうゆ)

梅茶漬け……… 500エン
へしこ茶漬け……… 580エン
さばの糠漬けのお茶漬けです。
ふぐの子茶漬け……… 580エン
本場の稲庭うどん 680エン

デザート

極上の抹茶アイスクリーム 480エン
通好みな濃い口の抹茶です。
伯方の塩アイス……… 350エン
ほうじ茶ジェラート……… 350エン

08

スタッフの同意が、成功の鍵を握る

大きな工事が伴うリニューアルとなると、期間中は店を休みとせざるを得ない。この間、スタッフの給料をどうするかは大きな問題となる。長期に渡る場合は一度辞めてもらうケースもあるが、超人手不足時代の昨今、パートやアルバイトといえども、熟練したスタッフをそうそう解雇する訳にもいかない。リニューアル期間中、半分だけ給料を支払うなどスタッフ繋ぎ止めの工夫が必要になる。いずれにしても、スタッフには前もって計画を伝え、話し合いの機会を持っておくことが大切だ。

●繁盛店は1人ではつくれない

リニューアルの先頭に立つのは、当然店主だが、すべてを独断で決めてしまうと成功しない。繁盛店は1人の力でできるものではない。スタッフに「今度こういう店にしたいんだ」とコンセプトを伝え、「何か提案はある？」と意見を引き出して参加してもらう。自分1人で計画を押し進めるのではなく、周りに参加意識をもってもらうことが成功につながる。スタッフが「いいな、一緒にやりたいな」と思い、意見がどんどん出てくるような状態になればしめたもの。

東京・池袋の串焼き屋「ちゃらり」ではリニューアルにあたって、オーナーとスタッフが一緒になって、ペンキを塗り、壁のクロスを貼った。スタッフが「あそこ僕が塗ったんですよ」と、笑顔で人に伝えたくなる店ができ上がった。自分が壁を塗った店は世界中どこにもないから、愛着もひとしおである。

「一緒に創り上げる感」が、店の温かさやスタッフのやる気へとつながってゆくのである。

●刷新もひとつの道

リニューアルを機に、スタッフを刷新するというのもひとつの考え方だ。古くからいるスタッフが、変化することに必ずしも賛同してくれるとは限らない。今までのやり方を固守したいタイプもいて、新しいことをやりづらい理由になっている場合もある。

リーダーシップをとる側からすると、リセットして真っ白なところから再スタートを切ったほうが、計画を進めやすいケースもある。

スタッフのやる気が繁盛店を創る

群馬・館林の「ろばた炭火串焼　炭たか炭」のオープニングスタッフたち。
スタッフも一緒にいい店を創っていこうという意欲がある店のリニューアルは必ず成功する

栃木県のラーメン店「麺屋穂華」でのオープン前のトレーニング風景。
オープンに向けてイキイキとやる気の溢れるスタッフが繁盛の大きな力になってゆく

Column

「リニューアルで、成功する人と失敗する人の違い」

パシオでは「独立開業・改装・経営改善相談」を実施していて、この個別相談だけでも、年間100人近い皆さんと話をさせていただいている。多くの方に会っていると、2時間話しただけで上手くいく人かどうかを見極められるようになる。

こちらから何か提案や質問をした時に「でも」「しかし」と、口癖のように否定形で返してくるタイプの方の仕事はやらないようにしている。「この人は何を言っても全部否定するな」と思うと提案するのが嫌になる。そうした方と話していると「きっとこの人は家族や従業員、お客に対しても同じようにするのだろうな」と思う。このやり方では従業員がやる気になるとはとても思えないし、「快」を求めているお客が集まる（＝繁盛する）とは、とても思えないからだ。

例を上げるとお客から「今日はちょっと焼きが甘かったんじゃない？」と言われた時でも「そんなことはありませんよ！　いつもどおりです！」と、お客を不快にさせる対応をするか、「ありがとうございます！　気をつけますので、ぜひまたご注文ください」と気持ちよく対応するかの違いに現れてくる。

成功する人は、周りの人の気持ちをよくして協力を得るのが上手い人であり、失敗する人は、反対に人のやる気を削いでしまう人である。

3章

リニューアルして手に入れたい結果とは？

01 新規客を獲得する

リニューアルして手に入れたい結果とは「売上げをアップする」ことにいきつく。店の売上げは「客単価×客数」によって構成されているので、そのどちらか一方を、または両方を増やすことが必要になる。

まずは「新規客を獲得するリニューアル」を、最初に取り上げて話を進めてゆく。

●外観のリニューアルが威力を発揮する

移転しない「同じ場所でのリニューアル」となると、もっと店を目立たせて視認性を高めることが新規客の獲得に威力を発揮する。

意外と見過ごされているのが「店の人が思っているほど、店の存在が知られていない」という現実である。認知されていなければ、存在しないのと同じだ。まず、店の存在を目立たせることを考える。

視認性を高めるため、インパクトのある外観にすると同時に、デザイン性、看板、照明などによって「入ってみたい」魅力的な外観にリニューアルしてゆく。

繁盛飲食店を創るためのパシオのデザイン戦略は、「入ってみたい」と思わせるためにやっていると言える。「入ってみたい」と思わせるためには、感覚をつかさどる右脳に訴えかける必要がある。筆文字で表記された店名や温かみのある外観、色使いなど、すべてお客に好意をもってもらうため、入って来てもらうためにやっていることなのだ。

●わかりやすいメニュー表示で新規客を獲得する

お客はメニューを見てどんな店かを判断する。しかし、メニューは店に入ってみなければわからないことが多いので、店に入る前の店頭でどのようにメニュー内容を訴求するのかが新規客を増やす上でのポイントになる。

簡単なところでは、価格帯や内容が伝わるメニュー、店内の写真などを、わかりやすく店頭に表示するだけでも「安心して入れる」ようになり、新規客を獲得する切り口となる。こんな当たり前のことをやっていないのに「なぜ、新規客が来ないのか？」と頭を抱えるオーナーは、意外に多いものだ。

外観に必要なのは「インパクト」と「入ってみたくなる魅力」

➡東京・亀戸「熟成豚骨らーめん　こてんぱん」のリニューアル前の様子

インパクトのある外観の看板効果は抜群。路地を抜けた表通りからの見え方も計算されている

⬆**熟成豚骨らーめん　こてんぱん**

02

顧客を囲い込む

繁盛するかどうかは一度来店してくれたお客がリピーターになり、固定客になってくれるかどうかにかかっている。つまり、客を離さないようにすることが、繁盛のポイントになる。そのためには、固定客が店に対してどんなプラスのイメージを持っているのかを、正確につかんだ上でリニューアルすることが大切だ。

しかし実際には、それを見誤ってリニューアルし固定客を失ってしまうケースは多い。作業着姿の客で繁盛していた幹線道路沿いの大衆的なラーメン店が、ブームに乗って洒落たデザイナーズラーメン店にリニューアルした途端、売上げが激減したという話はよく耳にする。

●ターゲットを絞って、さらに魅力を高める

顧客を囲い込むとは、固定客の来店理由を明確にしてさらに強化し、より店に愛着を持つ『信者客』にしてゆくことだ。中目黒にあった「銀虎」という高級串焼き店のオーナーは、顧客1000人の顔を覚えていると言っていた。来店の際に交換した名刺に似顔絵と特徴を書いて厨房に貼っておくそうだ。そして毎日それを見て覚えていったそうだ。そうなると、二度目のお客でも店に入ると「○○さんいらっしゃい」とオーナーが迎えてくれるわけだ。名前を覚えられていて嫌な人はいない。

●固定客離れの理由

雑誌社が行った大規模な調査によると、お客が通っていた店に行かなくなった理由の第一位は、ダントツで「接客に問題あり」だった。他方、店側に「今まで来ていた客が来なくなった理由は」と尋ねると一位は「近くに新しい店ができたから」。それだけ店側は、お客が離れてゆく理由を把握していないということだ。リニューアルに際して、経営者やスタッフに意識変革が起こらなければ意味がないと、口をすっぱくして何度も言っている理由がここにある。固定客に対するサービスは、慣れも手伝って疎かになっていることが多い。客足が減ると新規客にはディスカウント券をばらまくが、常連客には何の特典もない。これでは、いつもその店を利用している固定客は気分がいいわけがない。でもそのことに店の人は気づきにくいのだ。

アンケートで顧客の動向をつかむ!

[入店・退店]

- お店に電話をしたときの対応はどうでしたか?（　　　　　）
- 入店したらスタッフはすぐに気づきましたか?（　　　　　）
- 席を立ったとき「ありがとうございざいました」などの挨拶はありましたか?（　　　　　）
- 会計のときに「ありがとうございました」などの挨拶がありましたか?（　　　　　）
- クーポンなどを利用しましたか?　よかった点、改善して欲しい点を教えてください。（　　　　　）

[オーダー]

- お客様と目を合わせてオーダーを聞いていましたか?（　　　　　）
- 料理のオーダーはせかされずにお客様のペースで注文できましたか?（　　　　　）
- オーダーの内容をきちんと復唱しましたか?（　　　　　）
- お水などの提供スピードは適当でしたか?（　　　　　）
- 料理の提供時間は適当でしたか?（　　　　　）
- 商品名を告げて、うつわの向きは正しく提供されていましたか?（　　　　　）
- 自分より後に注文されたオーダーが先に提供されていると感じることはありましたか?（　　　　　）

[料理]

- メニューのイメージ通りの商品でしたか?（　　　　　）
- 見た目よく盛りつけられていましたか?（　　　　　）
- ボリュームは適当でしたか?（　　　　　）
- おいしさはいかがでしたか?（　　　　　）
- 価格は適当でしたか?（　　　　　）
- あったらいいと思うメニューを書いてください（　　　　　）

[心配り]

- スタッフは声を掛け合って店全体の活気をつくっていましたか?（　　　　　）
- スタッフはぼおっとしていたり、おしゃべりをしていたりしていませんでしたか?（　　　　　）
- スタッフの表情はどうでしたか?（　　　　　）
- スタッフの服装・髪型は清潔でしたか?（　　　　　）
- BGMの音量は適当でしたか?（　　　　　）
- スタッフにして欲しかったサービスがあったら書いてください（　　　　　）

[清潔度]

- 店頭、店内、トイレなどは清潔にたもたれていましたか?（　　　　　）
- 椅子やテーブルに破損やべたつきはありませんでしたか?（　　　　　）
- 気になる臭いはありませんでしたか?（　　　　　）
- テーブル上にある調味料などはきちんと補充され整えられていましたか?（　　　　　）
- 食器類は汚れていたり、破損していたりしませんでしたか?（　　　　　）
- トイレットペーパーや石けんはきちんと補充されていましたか?（　　　　　）
- インテリアのセンスはいかがでしたか?（　　　　　）
- メニューやPOPのセンスやわかりやすさはいかがでしたか?（　　　　　）

[その他]

- お店のプラスになると思えることがありましたらなんでもお書きください（　　　　　）

03

客単価を上げる

客単価を上げるためには、大きく分けると2つの方法がある。ひとつは単品当たりの単価を上げること。もうひとつは注文数を増やすことである。

●価格操作術

１人当たりの単価を上げるためには、単純に今までのメニューの値段を上げればよい。ところが「高いものは売れない」という考え方に縛られていると、これがなかなか難しい。

たとえば、冷凍ものを使っていた「枝豆３８０円」を、産直品に変えて「岩塩仕立て、露地もの枝豆５８０円」に付加価値を付けて値段を変える。仕入れ値が上がっているので、原価率が下がる訳ではないが、「美味しいね！」と思われれば、値段を上げたのに喜ばれるし、差別化商品にもなる。

●ラーメン店の客単価アップ

ラーメン店で客単価を上げる時は、「ラーメン＋半チャーシュー飯」など、頼みやすいセットを作る。ラーメンで勝負の専門店色を強く打ち出した店なら、セットよりもトッピングを全部のせた、お得な価格の「全部のせ」をメニューに加える。行列ができるような店になると、お客はその店の一番の目玉商品が食べたいと思い、一番高い商品を注文する。メニューやＰＯＰで見せ方も工夫すると、この「全部のせ」が売上げの大きな割合を占めるようになる。

●注文数を増やす

注文数を増やして客単価を上げるには、売り方に工夫をこらす必要がある。

具体的には、スタッフがお客をよく見ていて「何かお持ちしましょうか？」とタイミングよくお客に声をかけて追加オーダーを取ると注文数は増える。しかしこの種の声かけには注意が必要だ。お客に追加を押し付けられたと思われると、客離れを起こす。お勧めの方法は、「下げ」をしっかりとすることだ。飲み終わったグラスや食べ終わった皿を、こまめに下げるだけで追加オーダーが増える。空のグラスを下げる時に「何かお持ちしましょうか？」と声を掛けるだけでいいのだ。

ラーメン専門店の客単価アップ！

ラーメン専門店で客単価を上げる方法はいくつもあるが、ラーメンの味で勝負の専門店なら、チャーハンや餃子などのサイドメニューとのセットを作って客単価をアップするよりも、トッピングを全部のせた商品で客単価をアップさせるほうが専門のイメージを損なうことなく客単価をアップできる。
写真上は通常のつけ麺、下はつけ麺「全部乗せ」。ボリューム感やお得感を出すことは大切。お客の注文は全部のせに集まる

⬆つけめん・らあめん　宗庵　北千住店

04 従業員を活性化する

戦国の世から「人は石垣、人は城」という言葉があるが、飲食店にとって人が重要なことはいうまでもない。ビールそのものは、どこの店で飲んでも大きな違いはない。店の雰囲気や商品管理の良さや接客など、そこで働く「人」の接し方によって、おいしく感じたりまずく感じたりするのだ。お酒が売上げに占める割合が高い居酒屋や、雰囲気を楽しむような店では余計にスタッフの接客が店の売上げに直結してくる。

●スタッフが実体験で学ぶ

朝礼がクローズアップされて、その効果が注目される繁盛店もある。「元気よく大きな声でいらっしゃいませ！　と言える店にしたいな」と思っても、店を長くやっていると今までのスタイルを大きく変えるきっかけがなかなかつかめないことがある。そんな時、リニューアルは従業員活性化の好機となる。

リニューアルで店を休む期間に、自分がよいと思う店をスタッフと一緒に回ってみたり、トレーニングのために手本にしたい店で実際に働かせてもらったりするのは心機一転のよい機会となる。

いつも感じるのだが、スタッフを活性化させるためには言葉で教えて教育するよりも、実体験を通して学んでもらうほうがはるかに効果がある。

●スタッフにまかせて活性化する

東京・東池袋の居酒屋「ちゃらり」は、リニューアルを機に若い女性が店長になった。そして、その店長の意見を大幅に取り入れ、女性スタッフだけで運営する店、その名も「乙女ちゃらり」へと生まれ変わった。イキイキと働く女性たちの笑顔や細やかな心配りは店の新しい個性になり、売上げが伸びた。

この店は、女性ならではのアイデアが満載だ。ビールを3杯飲んだら花輪（レイ）をお客にかける、店の女性スタッフが料理を持った写真カードを作り、お客に引いてもらいその品をプレゼントするなど……。この店はリニューアル後、売上げが30％もアップした。

リニューアルをきっかけとして、スタッフに任せることによって店を活性化させた好例である。

スタッフの自由な発想がヒットを生む

「こんなサービスあったら楽しいね!」「こんな店あったらいいね」そんなスタッフの発想からヒット商品や企画が生まれるケースは多い。リニューアルをきっかけにスタッフとのコミュニケーションを改善し、素人発想、男女別、世代別の発想をプラスに取り入れてゆければお店は活性化する。東京・東池袋　通称、乙女ちゃらりのオーナーはミーティングでコミュニケーションを図り、積極的にスタッフの意見に耳を傾け、繁盛のヒントにアンテナを張り巡らしている

⬆炭焼乙女倶楽部　あっさり串焼ちゃらり　池袋東口店

05

息の長い繁盛を手に入れる

ひと昔前、内外装の寿命は7年といわれていた。しかし、個人店の仕事に重きを置いているパシオからすると、7年や10年でハード面の大改装をかけているようではお金が手元に残らない。飲食店の店主なら10年や15年はもちろん、本音を言えば大改装をせずに永遠に続く「息の長い繁盛店」であって欲しいと考えるだろう。

パシオが最初に手掛けた店は、東京・目白の「CHOT HAIL」というダイニングバーだが、繁盛している開店5年目にさらに雰囲気を高めるリニューアルをして店の魅力を増した。10年目には「海鮮」をキーワードに新鮮な魚介類をメニューに加え、一般化してしまった「ダイニングバー」という業態から「海鮮バー」へと鮮やかに刷新した。その後も、何度か効果的なリニューアルを繰り返し、20数年たった今も繁盛店として生き残っている。

●早めに自己チェックする

人が定期的に健康診断を受けるのと同じように、店も定期的に自己チェックしてゆくことが必要だ。売上げや来店客数だけでなく、「この人」と目星を付けた固定客の来店頻度なども細かくノートに付けておくこともお勧めだ。固定客に直接、料理の内容や雰囲気に関して訊くのもいい。たまには自分の店のお客になって客席に座り、自店を客観的に体験することも役に立つ。

●信頼関係で長続きする

よいお客と長く付き合うということを、友達付き合いに置き換えて考えてみると、息の長い繁盛店がどんなものかわかりやすい。

長く付き合える友達のタイプというのは、いくつかの共通項があるはずだ。信頼できる人であるとか、コミュニケーションが取りやすい人であることは、長く付き合えるかどうかに大きく関係している。

「あそこの店に行くと心が安らぐね」「あの店は変な食材つかってないよ」といったような信頼関係が築かれることは、息の長い繁盛店に欠かせない条件だ。

人も店も、信頼関係ができれば、これほど強いものはない。

信頼関係が長いつきあいを作る

個人店繁盛の鍵は、料理の味や価格より、店主の人柄に負うところが大きい。人の好みは十人十色なので、必ずしも愛想のいい店主の店が繁盛するとは限らない。最低限の接客は必要だが、その人の魅力的な個性やこだわりが発揮されているなら､それはなにものにも代え難い繁盛の武器になる。｢人｣のリニューアルは決して1日にしてはできない。客観的に自己分析して自分自身のリニューアルにも取り組もう！

06 提供時間を早くする（客席回転数を上げる）

客単価が高く、滞在時間の短い理想的な業種が焼肉屋だ。肉を出せば焼く、焼ければ食べる、食べ終われば帰る。当然の流れだ。

これは焼肉屋に限ったことではないが、注文の品をタイミングよく、早く出されて困る人はいない。お客も喜ぶ、店も喜ぶ好循環だ。早く帰るから席が空き、次のお客を迎えることができる。

つまり、商品を早く出せる仕組みをいかにつくるかが繁盛リニューアルの鍵になる。

●大皿料理の発想を取り入れる

20年程前、大ブームを起こした「大皿料理の店」は、料理をお客に見せることによってオーダーを喚起させると共に、賑わいを演出するアイデアたっぷりの業態だった。店側からすると、前もって作るので素人でも調理しやすいし、営業中の調理スタッフの数を少なくできるので、いいことずくめであった。何より、注文されてからの提供時間が短くて済むのでお客の回転もいい。

この大皿料理の発想をリニューアルの際に取り入れて、前菜をあらかじめ作っておくように切り替え、素早く提供できるようにして大成功したフレンチレストランが東京・恵比寿にある。

●時間帯に合わせて提供方法を変える

パシオの向かいにある「つけ麺屋」も、オープン当初は提供時間が遅いので苦戦していたが、リニューアル後行列ができるようになった。昼の時間帯は、あらかじめ麺を茹でておいて提供するように変えたのだ。茹で時間の長い極太麺にもかかわらず、昼のピークタイムにもすぐ商品が出てくるようになった。

「茹で置きするとおいしくないから、嫌だ」というお客はもちろんいるだろうが、ビジネスマンにとって、時間の限られた昼食時間帯に最も嬉しいサービスは、商品が早く出てくることだ。この店も余裕のある時間は、それまで通りオーダーされてから茹でている。

昼に行列ができる店は、提供時間の早い店だ。行列していても、長く待たされないことを知っているからお客は行列に並ぶのだ。

大皿料理でお客様を待たせない

お客が飲食店への不満の第1位にあげるのが「料理が出てくるのが遅い!」だ。同じ料理でも提供の仕方にひと工夫するだけで提供時間を短縮できる。写真は北千住の千寿籠太で宴会用にあらかじめ用意された大皿料理。作り置きしてもおいしさが変わらない料理を大皿に作っておいて、お勧めで提供すれば素早く対応できる

07 客層を広げる

客層を広げるためには、今、店を利用していない「お客から思われているイメージ」を変える必要がある。女性客が少ないことが問題ならそのターゲットに対して、店はどう思われているか？　ファサードのデザインは？メニュー内容、ユニホーム、BGMは適切か？　と見てゆくことが必要だ。そこから、リニューアルの内容が決まってくる。

●新たなターゲットに合わせ、メニューを広げる

以前、東京下町の居酒屋をリニューアルする仕事を手掛けた。その店は、串焼き55円のディスカウントサービスが売りの店だった。リニューアルに際して「若い女性にも来て欲しい」という話になった時、今までの固定客である年配者の店離れが心配されたが「リニューアルを機に来て欲しいのは女性客と年配者の両方で、55円の安売りだけを目当てに来店しているお客は諦めましょう」と提案した。55円の安売りを止め、ガーリックやオリーブオイル、マヨネーズを使った商品を新たに加え、女性向きのメニューを揃えた。年配客の繋ぎ止めとして、冷や奴やモロキューなど居酒屋の定番商品もしっかり残した。雰囲気は懐かしい昭和の大衆的な居酒屋といった感じにした。リニューアル後、従来の客層である年配客と若い女性が違和感なく混在する、狙い通りの店になった。

●店名を変えて、客層を広げる武器にする

店名変更も客層を広げる大きなポイントだ。居酒屋で「鳥安」という店名の店と、中身は全く同じで「いいとこどり」という店名の店があったなら、あなたはそれぞれの店に対してどんなイメージを持つだろうか？　女性の興味を引く店という観点で考えると、後者の「いいとこどり」という店名のほうが、女性にアピールするはずである。つまり、広げたい客層に興味を持ってもらい、来店してもらうために店名は大きな武器になるということだ。

客層を広げるために店名を変えるわけだから、今までの客層も失わないようなネーミングが求められる。このところの匙加減が重要で、店名変更にあたっては十分な検討が必要になってくる。

店名が店のイメージを創る

店名から受ける店の印象は大きい。リニューアルを機に店名を見直すことは重要だ。やみくもに変えればいいわけでなく、店のコンセプト、ターゲットを見据えてネーミングすることが大切だ。イラストのように「とり安」という店名からは当然、オヤジが会社帰りに一杯飲んで変えるやきとり屋がイメージされる。同じ焼き鳥屋でも、洒落た欧文で「II TOKODORI」とすると、お洒落で女性が入りやすい店のイメージが湧いてくる

08

"超人手不足時代"に対応する

人手不足が飲食店、特に個人店の経営を脅かしている。黒字なのに「人手不足閉店」に追い込まれる店まで出ている。これに対応して、スタッフ数を減らすためのリニューアルを行う場合がある。テーブル席をなくし、カウンター席だけに内装を変更したり、セルフサービスを取り入れた業態に変える、などである。

●券売機でひとり分の人件費を減らす

最も典型的な例は、ラーメン店が券売機を入れてリニューアルする例である。パシオでは手作り感や個人店のイメージを強くアピールするために、ラーメン店に券売機を置くことには消極的だった。その考え方は今も変わってはいないが、ここ2、3年の求人事情を見ていると、そうも言っていられない状況になった。券売機を入れると、たしかに人件費の削減には貢献する。券売機を導入した上で、テーブル席をなくしてカウンター席だけにすると、スタッフを1人減らすことができる。席数が変わらなければ、売上げも変わらないので、この人件費削減効果は大きい。機械化を無視できなくなってきた。

●セルフサービスやセミセルフへの業態転換

業態をセルフやセミセルフに対応できるゾーニングに変更するリニューアルが増えている。東京・大山駅そばのラーメン居酒屋「ハッピー屋台」は9坪2階建ての一軒家の店だが、部分的にセルフサービスを取り入れてリニューアルに成功した例だ。変えたのは、2階のお客に1階で栓抜きを渡して、2階のショーケースからお客自身にビールを出してもらうようにしたこと。飲んだ分は、後から自己申告で精算。これでスタッフの仕事を相当減らすことできた。

面白いもので、自分でビールを出す店が珍しいのか、お客がそのことを楽しんでいる。

パシオの隣にあるカフェも当初はテーブルでオーダーをとり、テーブルで精算するフルサービスの店だったが、最初にオーダーをレジカウンターで受け付け、会計してもらうように変更した。少ない人数でやれる業態というのが、人手不足時代のリニューアルのポイントになっている。

人手不足時代を見据えたリニューアル

東京・大山「ハッピー屋台」の改装前は餃子店だった

2階に卓袱台が置かれるなど、雰囲気満点のしかけがほどこされている。お客はショーケースから自分でビールを出して飲むことができる。オペレーションの簡素化とくつろぎの自分空間の演出を同時に行っている

⬆ハッピー屋台

09

新しい使われ方をつくる

繁盛店を創るには、誰がどんな使い方をする店なのかをハッキリさせることが大切だ。

店の立地や客層、ターゲットなどを改めて把握し直した上で、リニューアル後のお客をイメージしてみてほしい。サラリーマンが会社帰りに同僚と2人で語らいながらおいしい料理と豊富な種類のお酒を楽しみにくる店であったり、学生が4、5人でワイワイと賑やかにお腹いっぱい飲んで食べる店、といった具合である。

その「使われ方」に応じたリニューアルをすることが成功のポイントだ。

立地条件もさることながら、店の使われ方というのは時代とともに変化している。今や、シングル客や、少人数のお客が利用しやすい店への流れは無視できない。

●宴会時代の終焉

使われ方を変えたリニューアルで成功をした店に、東京・北千住の「千寿籠太」という2階建て一軒家の和食屋がある。リニューアル前は、2階には15人程度入れる3つの畳敷きの和室があり、襖を取り外すと50人の宴会ができる店であった。このタイプの店に多く見られるのだが、実際に15人以上の宴会が行われるのは金・土曜日の週末くらいで、50人ともなると忘年会シーズンくらいだった。宴会を意識していたために、畳敷きの座敷に4人連れのお客を入れていたのだが、だだ広い空間にテーブルを並べただけでは居心地がよくない。

●2人客をターゲットに

人のつき合いは「個の時代」に変化してきている。そうなると月曜日から金曜日までの2人客・カップル客、4人客の楽しめる席がどれほどあるかが集客のポイントになる。「千寿籠太」では1階を2人個室にし、2階を可動式の襖で自由に仕切れる掘り炬燵席にリニューアルした。

みんなと行く店が、彼氏彼女とゆく店、同僚と少人数で行く店という利用頻度の高い、新しい使われ方をされる店に変わった。76席550万円の売上げの店が、同じ席数で平月でも1000万円近くを売る店になった。

空間を自由に仕切れるリニューアル

東京・北千住　千寿籠太では2階の宴会席を自由に仕切れる掘り炬燵席にリニューアルした。上の写真からわかるように、天井に張り巡らされたレールでパーテーションを移動させることができ、4人席、6人席といった個室に簡単に区切ることができる。すべてのパーテーションをかたづけると下の写真のように広い空間となり、大人数の宴会にも対応する

10 快適な店舗環境にする

繁盛している店がさらに魅力を増すために、主に設備面を中心にリニューアルすることがある。「売上げも上がっていて問題はないが、もっと稼働効率の高い厨房にしたい」とか「お客様やスタッフにもっと快適な空間を提供したい」といった前向きなリニューアルだ。

また、個人店の開業時にみられがちなのが、主に開業費用の関係で厨房や空調設備が繁盛した店に対応していないこと。その足りない点を改善するために、実際に繁盛してから設備をパワーアップするリニューアルだ。

●快適な空調を手に入れる

空調の善し悪しは、それにかける費用に大きく関係している。開業時に費用を抑えようとして、本当は2台必要なところを、一方吹き出しのエアコン1台とすることがある。店の隅に一方吹き出しのエアコンを付けると、手前が寒くて奥が暑い店になる。「何とかしてください」と言われても、吹き出し口はひとつしかないのでどうしようもない。同じ馬力数で、四方に吹き出し口のついているエアコンを天井に2台付けていれば、空気を均一に送り出せるのでこの問題は解決できていた。

居抜き物件での開業や、開業費を削減してスタートさせた場合に、快適な空調を手に入れるためのリニューアルが必要になるケースが多い。

●繁盛店のさらなる繁盛は快適空間にある

今は繁盛しているからといって、何もしないで手をこまねいていては明日のさらなる繁盛は望めない。どんな繁盛店でも何もしないければ売上げは緩やかに下降線をたどってゆく。さらに、快適な環境をつくり提供してゆくことだ。

もちろん、設備面に限ったことではない。内装の壁を2年ごとに塗り直して、何年たっても綺麗なイメージを保つハンバーガーレストランや、外壁の木部に定期的に保護塗料を塗って古さを感じさせない居酒屋など、目立たない部分で店舗環境を維持するためにしっかりリニューアルしている店があるのだ。

繁盛店は、気づきにくい部分で他の店と差をつけていることが多い。

快適さは工事費用に比例する

オープン時に予算がなくて「安価なものですませてしまおう」というのはよくあるパターン。それでも空調などはあとから簡単に変更できない大切なポイントだ。安価な一方吹き出しのエアコンは個人宅では活躍できても、飲食の場ではそれなりの働きしかできない。一方、四方向吹き出しの天井付けエアコンは初期投資は大きいが、長い目でみると快適空間を創り上げてくれる要となる

Column

ハイテクハイタッチ

1980 年に刊行された「第三の波」（日本放送出版協会）という本の中で、アメリカの未来予想学者アルビン・トフラーが使っていたのが「ハイテクハイタッチ」という 21 世紀を予想した言葉だ。ハイテクは高度科学技術、ハイタッチは「人とのふれあいを深める」という意味で使われていた。

ハイテクハイタッチの考え方は「人間は科学技術の進歩と比例して、人とのふれあいも求めてゆく」というものだ。1980 年当時、21 世紀という近未来は科学の進歩によってあらゆることが解決する科学万能の時代と思われていた。癌の治療薬ができて治ってしまうとか、コンピューターやテレビ電話によって会社に行かずに仕事する時代になるとか。鉄腕アトムで描かれているような、21 世紀を多くの人がイメージしていた。

しかし、アルビン・トフラーは 21 世紀とは、科学だけの時代ではなく、同じくらい人間同士のふれあいが大切な時代だと説いていた。コンピューターネットワーク化が進んで、在宅勤務や在宅学習が技術的には可能になったとしても、人はふれあいを求めて会社に出勤し、学校に通学するといった具合だ。この言葉を思いおこすにつけ「飲食業というのは 21 世紀型ビジネスだ」とつくづく思う。どんなに時代が進歩しても、飲食店が人とのふれあいを提供する場であることを肝に銘じることが、繁盛を生み出す秘訣である。

4章

「何をリニューアルするのか」、テーマを決める

01

店舗コンセプトをリニューアルする

店舗コンセプトのリニューアルとは、店全体を見直すことで、時には丸ごと変えてしまう場合もある。

●今までとまったく違った店を創ってゆく

「今までとまったく違った店を創ってゆく」くらいの意気込みが、店舗コンセプトをリニューアルする時には必要である。ターゲット、店の使われ方、業種・業態、売り物など、すべてが見直される。結果として、店名・ショルダーネーム、メニュー内容や内外装から、器、ユニフォーム、BGMに至るまで変える場合が多い。

●立地に会わせた、店舗コンセプトが必要

東京・池袋のはずれにあるビル地下一階の「洋風居酒屋　オレンジブーム」は、オープン6ヶ月後に「あっさり串焼　ちゃらり」へと、コンセプトを変えてリニューアルし大成功した例だ。「オレンジブーム」は立地が駅から5分ほどの認知されにくい路地裏で、なおかつ地下20坪の物件だった。洋風居酒屋という業種・業態では、飲食店激戦区の池袋にあっては差別化が難しい。ターゲットも絞り込めていなかったし、使われ方も、売り物もハッキリしなかった。結果、オープン月の290万円を最高に、毎月売上げを落とし6ヶ月後には170万円となり、ギブアップ寸前だった。

若い経営者には調理経験がほとんどなかったので、短期間で技術習得可能な単品の専門店「おろしニンニクで食べる串焼きの店」に業種・業態を設定した。「広島の老舗串焼き店が東京で初めて開いた店」というストーリー設定のもと、専門店色を強く打ち出した「あっさり串焼」というショルダーネームを発明した。売り物は、牛ハラミを大きくカットし刷毛でニンニクペーストをたっぷり塗って焼いた「牛テキ串」を目玉商品とし、ターゲットを20代の女性やカップルに絞った。

リニューアル後すぐに、路地裏穴場の面白い店と評判がたった。リニューアル前の月商170万円から翌月は300万円台、その翌月は400万円台と奇跡のように売上げがアップし、最高650万円まで伸びた。リニューアル後9年たった今、さらなる飛躍を目指し「ホルモン焼」の店へとリニューアル中だ。

個性的なスタイルが繁盛につながる

東京・池袋の洋風居酒屋オレンジブームが「ちゃらり」へとリニューアルした際、「あっさり串焼」という食べ方のスタイルを提唱してヒットにつながった。下の写真は人気商品の「牛テキ」だが、珍しい瓦の皿に山盛りのキャベツ、そして右下に添えられたたっぷりのおろしニンニクで提供するスタイルを提案したことが、そのネーミングとあいまって強いインパクトを与えた。リニューアルを機に、個性的な商品提供の仕方など目玉となる部分を作りあげることも繁盛には欠かせない

02

ターゲットと店の使われ方をリニューアルする

業種・業態は変えずに、来店して欲しいターゲットや店の使われ方を変えてゆくリニューアルがある。

たとえば同じイタリアンレストランでも、サラリーマンをターゲットにした、会社帰りにみんなで寄る「日常つかいの店」を、カップルがデートに使ったり、会社の上司がちょっとした祝い時に部下を連れて行ったりといった、「小晴れの日に使う店」に変える、などだ。

●日常使いの「ついで店」と「小晴れ」のわざわざ店

日常使いの「ついで店」というのは、文字通り毎日でも同じお客に来て欲しい、空腹を満たすことに重きを置いた店である。定食屋や日本そば屋はその典型だろう。居酒屋なら、週に2～3回は通って3０００円以下でたっぷり飲んで食べられる店だ。

一方、小晴れの日に「わざわざ利用する店」は、ちょっとしたイベントの時やカップルがデートの時に利用する店だ。「たまには、ちょっと贅沢をして雰囲気のいいお店に行ってみよう」という時に使われる店で、当然、客単価は高くなる。

●雰囲気が、使われ方を変える時のキーワード

日常使いの「ついで店」は、店前交通量が多い視認性の高い場所で商売が成り立つ。

一方、人の動線からはずれたわかりにくい場所にある店は、わざわざ来てくれる「雰囲気」のある店にならないと繁盛しない。「小晴れ」の時に使われる店は、この雰囲気のある店だ。

言い換えると、立地的な要因で、「ついで店」から「小晴れの店」に使われ方をリニューアルする時には、雰囲気を変える必要がある。雰囲気を辞書で引くと、「その場にかもし出されている気分。ムード」とある。わかるようで、わかりにくい言葉だが、私達は「あの店、雰囲気のいい店だね」とか「この店雰囲気悪いな」と、日常的にこの言葉を使っている。

私達が「雰囲気がいい」と言う時、スタッフの接客が大きなウエイトを占めている場合が多い。接客が変わるだけでも、お客が店に持つ印象「店の雰囲気」を変えることができるのだ。

あなたのお店はどのタイプ？

● ついで店 ●

● 小晴れ店 ●

「ついで店」と「小晴れ店」、それぞれの違いはなんだろうか？　内外装やメニュー、客単価や接客などすべての面でグレードが創り出す雰囲気で判断される。自分のお店をどの店にしたいのか？　どの店に向いている立地、客層がいるのかを熟慮した上でリニューアルすることが必要だ

03

業種・業態をリニューアルする

業種とは「売り物」のことであり、業態とは「売り方」のことである。たとえば、テーブルでオーダーを受け、料理をスタッフが運ぶレストランが、あらかじめ作ってある料理をお客が自分で取りに行くビュッフェスタイルに変えたら「業態が変わった」という。お客の店への印象を大きく変えるので、業種・業態をリニューアルすることには充分な検討が必要になる。

●業種・業態には、流行、廃れがある

ほんの数年前、ジンギスカンの店やセルフの讃岐うどん店が流行してメディアにこぞって取り上げられ、いたる所にその類の店ができたかと思ったら、「あれよあれよ」という間に消えてしまった（もちろん、実力のある店は今も生き残っている）。普及する時間と、萎んでゆくスピードは比例するものだ。一気に大きな投資をして短期間で回収する計画を最初から立てている大企業ならともかく、個人店が流行にのって業種・業態をリニューアルするのは危険である。やはり、長期的な視野にたって業種・業態の見直しを考える必要がある。

●繁盛しているときに次を考える

サラリーマン、ＯＬをターゲットとした20坪ほどの和食屋がオフィス街にあった。「魚と野菜でやってます」というキャッチフレーズで繁盛していたのだが、企業の移転などで商圏ボリュームが落ちたことや、競合店が増えたことで、「大衆居酒屋」に業種・業態をリニューアルした。

ターゲットはサラリーマン、ＯＬのままで魚・野菜中心の和食屋から、炭火串焼きや焼き魚、軽めの惣菜を提供するスタイルにした。それとともに業態も、部分的にセルフの要素を取り入れた。全部の商品を必ずホールスタッフが提供していたのを、カウンター越しに厨房スタッフもお客に料理を提供するように変えたのだ。おしぼりも布から紙の使い捨てタイプにして、テーブルの上に置き、お客に自分で取ってもらえるようにした。

昼夜の営業を夜だけにして、ほぼ同じ売上げになっているので、実質的にはかなりの利益アップにつながったことになる。

個人店は流行の波に注意する

ドラえもんとピンクレディーの人気の比較

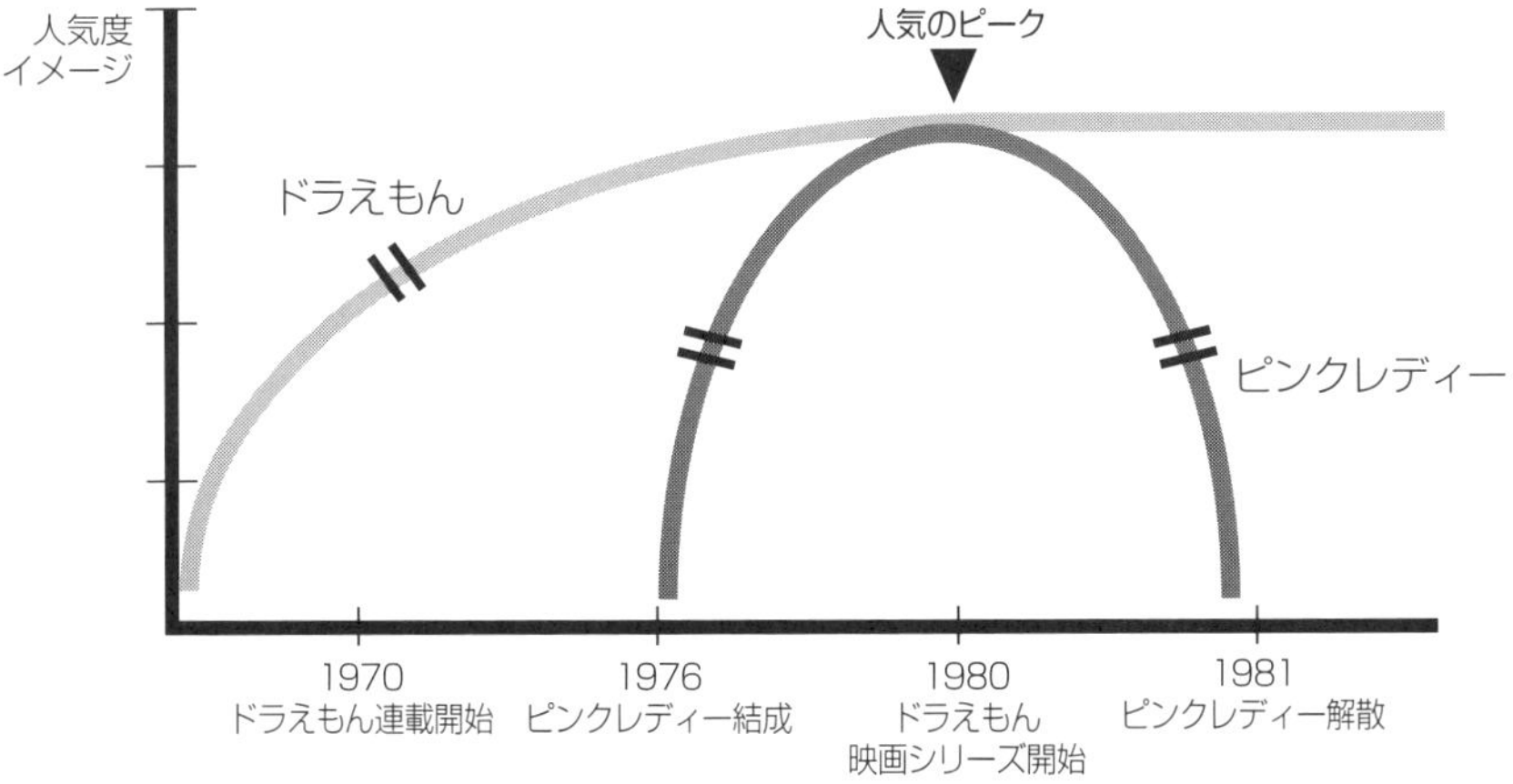

一気にブレイクしたものは一気に消えてゆく。大量資本を武器に出店する大手企業は短期間で資本を回収する計画をたてて流行の波に乗ってくるだろうが、個人店のリニューアルなら、短期的な流行の波に呑み込まれないような、長期的な視野に立って考えることが大切だ。「流行」ではなく「文化」となって定着するような業種・業態を検討することを忘れてはならない

04 イメージをリニューアルする

店は営業を続けるうちに、いつのまにか商圏のお客から勝手にイメージがドンドン作られてゆく。「おいしい」とか「感じがいい」といったプラスのイメージならいいが、「あの店は高い」とか「おいしくない」といった、マイナスのイメージがつくと、売上げは下がってくる。そこで、イメージのリニューアルの出番になる。

●もう一度来てもらうためには、思い切った宣伝を

「おいしくない」とマイナスのイメージだった店が、腕のよい料理人が入って改善されたとしたら、まずはお客にもう一度店に来て食べてもらう必要がある。ひと口食べてもらわなければ、おいしくなったことを知らせることができない。そうなると、もう一度来店してもらう動機が必要になる。半額にディスカウントした新メニューポスターを写真つきで店頭に貼り出し、試食キャンペーンを実施するとか、料理人が変わったことを強調したチラシなどを手配りして再来店を促すことになる。

●内容とイメージにギャップがあっては繁盛しない

大衆店が高級なイメージを持たれてしまうと、ターゲットとなるお客を遠ざけてしまうことになる。大切なのは自分の店の内容と、お客が描くイメージにぶれがないことだ。

群馬・伊勢崎の「鳥こまち」は、オープンして1年でイメージのリニューアルを行った。もともと客単価2500円の大衆店だったが、京町屋風の高そうな黒塀の外観が道行く人々に与えていたイメージは、客単価5000円くらいの割烹料理屋であった。「焼鳥屋らしく気軽なイメージの店にする」という方向でリニューアルされた。

店名はそのままに、シンボルマークをコミカルな鳥の顔のマークにして気軽なイメージを出した。外側を明るくライトアップして、同じ木造の外観ながら明るい色合いにイメージチェンジした。

勝手に一人歩きしてしまっていた「あそこの店は高級で高そう」というイメージを払拭し、売上げが30%以上増えた。人はイメージで店を選んでいる、といっても過言ではない。

高級なイメージが繁盛につながるわけではない

改装前の「鳥こまち」、京町屋風の黒塀を装い、高級なイメージを見て取れる

改装された、群馬・伊勢崎「地鶏炭火串焼家　鳥こまち」
親しみやすいシンボルマークと明るいライトアップがカジュアルなイメージを伝え、集客効果を高めている

⬆地鶏炭火串焼家　鳥こまち

05

顔となる外観をリニューアルする

外観を変える大きな理由は、目立たない店を目立つようにすることである。「こんな店あったんだ!」と、何年も店の前を通っていたはずなのに、あらためて感じることがある。そういった店は外観にアピール力がなく、何屋であるかということも伝えていない店だ。夜だけ営業の店が、朝や昼などの営業時間外に店の存在をアピールしていない場合も多い。

●外観すべてが看板

パシオでは「外観すべてが看板」と捉えている。外観の一部に看板をつけ、そこだけ見てもらうのではなく、外観全体を看板と考えたほうが、面積が広い分目立つだろうという考え方だ。

東京・蒲田の「新焼肉ばんさん食堂　漢陽苑」は、リニューアルした外観がタクシーの運転手の目印になるほどインパクトのある目立ち方となった。

外観全体を看板として捉えると、その機能とは「イメージを伝えること」と「情報を伝えること」に分かれる。もちろん、「入ってみたい」とか「おいしそう」と思われる、プラスのイメージをお客に持って欲しい。同時に「何屋」なのかとか、「どういう使い方をする店」なのかを伝えられたら最高だ。

●認知されなければ存在しないのと同じ

お客に知ってもらい、認知されなければ店はないのと同じだ。当然、お客は来ないし話題にもならない。お客が来る、来ないは認知されることがスタートになる。

東京・新宿の繁華街で、周りが明るくきらびやかな電飾看板が乱立している地域に、外観は小さなくぐり戸をつけた黒い板塀に魚の干物を吊しただけの和食屋を創った。周りが派手だから、わざと何も表示していないスペースを作ることで、逆に目立たせたという例である。

周りが全部「明るい店」なら「暗い店」が目立つ。周りが全部「黒」なら「赤」にすれば目立つ。

要するに、周辺とのバランスを考えて、インパクトのある外観を作ってゆく。なんでもかんでも派手な色使い、変わった形、明るい照明にすればいいというものではないのだ。

あなたの店をランドマークにしろ！

改装前のどこの街にも
ある焼き肉屋のイメージ

リニューアル後の「漢陽苑」。インパクトのある外観とお洒落な雰囲気のインテリア、1人客を意識したカウンター席などさまざまな工夫が凝らされている

⬆新焼肉ばんさん食堂　漢陽苑

06 内外装すべてをリニューアルする

改装工事はリニューアルの中でも、大きなウエイトを占めている。店舗の老朽化、業種・業態を変えるなど理由はさまざまだが、変化したことを一番アピールできるのが工事を伴う内外装の変更だからだ。資金的にみると、内外装工事が70～80％くらい占めるリニューアルも珍しくない。

●あまりに的外れな、内外装工事が多すぎる

内外装の工事によって変えるのは、使い勝手であったり、機能であったり、雰囲気であったりするわけで、それは、目的を達成するための手段でしかない。目的を手に入れるために工事をするのであって、重要なのはその「目的」の部分であり、工事そのものではない。

なぜ、こんなわかり切ったことを書くかというと、実際には目的が不明確なまま内外装を変える店が、あまりに多く見うけられるからだ。老舗の店が、せっかく古びて味の出ているカウンターを新しくしたり、渋い格子戸の入り口をつまらないサッシに変えたり、見当違いな工事をして台無しにしていることが多い。

●理想の追求は高くつく

内外装のリニューアルをする時、経営者と設計・施工会社の間で価格に対する認識の違いがよく見られる。雑誌などの情報で「坪30万円でリニューアルできます」といった安価なイメージを持っていると、いざ見積もりを目にしたときに「え！　こんなに高いの！」となる。大工工事だけなら坪30万円でできるかもしれないが、電気、空調、水道、ガス、厨房といった、いろいろな設備が関係している飲食店の内外装の工事というのは、思っているより費用がかかるものなのだ。

また、材料や手間に対する価格意識の違いも多い。「カウンターは無垢の一枚板にしたい！」「この部分は左官でおもしろい調子の壁にしよう」と見積もりをとってみると、本物の材料や手間のかかる作業は高価になる。「無垢板にした時と合板では、どれほど売上げが違うの？」と聞かれても、その効果の差を数値化するのは難しい。無垢材の一枚板にすると「値段が3倍ですよ」と言うと「合板で」となってしまうケースが多いのだ。

お洒落な立地にはお洒落な内外装をつくる

お洒落なオフィィス街立地で、昼夜の営業に対応できるお洒落な洋食屋の「懐」は、落ち着いた大人の雰囲気のあるモダンなデザインを採用してリニューアルした

⬆神戸洋食　懐

07

設備だけをリニューアルする

より快適な環境を手に入れるために、設備のリニューアルが必要になる時がある。厨房、給排気設備、空調、照明、トイレなど、設備の機能向上などのリニューアルである。店の繁盛に直結した設備のリニューアルは、ビールサーバーを入れ替えるような小さな工事から始まって、店全体のパワーアップや省エネ・省力化に関係する大掛かりなものまでさまざまだ。

●将来を見据えた設備のリニューアル

東京・杉並の博多らーめん「てっぺん」では、直径60㎝の大きな寸胴を傾けるだけでスープが捨てられる設備を250万円かけて導入して、スタッフの負担軽減と効率化を図った。直径60㎝もある寸胴を持ち上げるのは重労働だ。悪化する求人状況や、オーナー自身がラーメン店を長く続けてゆくことを考え、リニューアルに踏み切った。その機械を設置するために、店のカウンターの一部を壊す必要もあったので、思った以上の費用がかかったが、それ以上にリニューアルのメリットは大きかった。オーナーのスタッフへの愛情・気持ちが伝わって、やる気が目に見えて向上したのだ。

●新しい設備が新たな道を開く

福岡・早良区にある「日本料理しげまつ」は、真空パックの機械やスチームコンベンションオーブンなどの設備を段階的に取り入れたリニューアルによって、繁盛店の地位を確立した。これらの設備によって、本格的な料理をすばやく提供できることで地域一番店となった。焼く・煮る・蒸す・炒めるなど、さまざまな加熱調理が1台で可能なスチームコンベンションオーブンのメリットは大きい。多彩な調理モードの活用でメニューの幅が広がり、通常の加熱調理はもちろん、真空調理との組み合わせによって提供前の再加熱ですぐに料理を出せるなど、調理スピードの改善という面でも活躍している。

地方都市にあって、いち早く最新の設備に着目し、個人店がそれを導入してゆくことは、大きな冒険だろう。しかし、先を見越した思い切った設備投資・リニューアルを重ねたからこそ、「日本料理しげまつ」は息の長い繁盛を手に入れたのだ。

ラーメン店の設備追加リニューアルは多い

寸胴を動かす作業は重労働。新しく導入された設備で負担が軽減されてスタッフも大喜び。本来集中すべきところに気持ちを向ける余裕を生み出す。カウンターの一部は、設備の入れ替えに伴い壊す必要が生じた

➡博多ラーメン　てっぺん

08

メニューをリニューアルする

店を開いてしばらくすると、お客から「酒のつまみになるようなものを置いてくれ」とか、「焼き魚だけでなく刺身も食べたい」「俺は地酒の辛口が欲しい」などの要望が出てくるだろう。そこで、メニューを見直すリニューアルをする場合がある。

●訊き出すマーケティングが有効

お客の要望を何でも聞き入れていると、何でもありの店になって個性が失われてしまう。個人店にとっては、個性が集客の要であるから、お客の要望のうち何を取り入れるかを慎重に検討した上で、メニューを変更する必要がある。

しかし、お客からの要望は最も現実に則したマーケティングなのだから、こういった提案を取り入れない手はない。

お客の要望・本音を「訊き出す」ことができれば、店の魅力はどんどん増してゆくことになる。個人店だからこそできる差別化が、お客から訊き出した要望を反映したメニューのリニューアルといえる。

●忘れ去られたボトルキープが、今また新しい

ボトルキープという言葉も死語に近くなってきたが、個人店がリピート客を確保するためには有効な手段だ。今は地焼酎ブームということもあり、珍しい地焼酎を割安で飲めるボトルキープは喜ばれる。常連にとっては、お気に入りの酒をいつもキープできるので、使いやすい店になる。

ボトルを並べる棚など、想定していなかったスペースを新たに造る工事が必要になる場合もあるが、使い勝手ばかりだけでなく「見せる」演出も心がけたい。

千葉・野田市のイタリアンレストラン「コメスタ」では、「ワインの量り売り」でリピート客をつかんだ。量り売りで飲めるワイン数種類をあらかじめ決めておき、お客にボトルキープしてもらう。その日飲んだ分だけを計り、ボトルカードにチェックし、残った分は後日飲める。ワインボトル用の手作りの計りを用意していて、飲み残ったワインボトルを計ることがパフォーマンスにもなっている。

同じメニューでも売り方にひと工夫

同じ商品でも売り方を変えるだけで売れ行きは変わる。普通より大きなワインボトルの形にピッタリと合う“手作り定規”で計って、飲んだ分だけ支払う売り方は遊び心と好奇心をくすぐるよいアイデア。ついついワインが進む

09

SP（販売促進）や広告方法をリニューアルする

情報化の時代、集客のためにインターネットや情報誌への広告出稿も当たり前の時代になってきた。こういった情報媒体が今ほど利用されていなかった時代は、ただ広告を出すだけでも、ある程度の効果が見込めた。しかし、多くの店が出しているとなると、自分の店らしい成果の上がる告知へとリニューアルする必要がある。

●あなたの店の魅力は広告代理店にはわからない

インターネットでの広告となると、新しい媒体なのでとっつきにくく、広告代理店の営業担当者におまかせという店も珍しくない。

でも悲しいかな、あなたの店のよさを営業担当者がわかっている場合は少ない。なぜなら、何十軒、何百軒と担当している営業担当者にしてみれば、あなたの店への意識も何十分の一、何百分の一だからだ。その結果、どうしても画一的な表現方法になりがちだ。掲載される写真や文章を、あなた自身や店のスタッフが考え提案しないと、差別化された表現にならない。人任せにしていては、成果は上がらない。

●SP（販売促進）や広告方法を見直す

インターネットで店探しをするのは、宴会の幹事になった時や、しばらく会っていない友達と待ち合わせのしやすい駅で会う時、デートで知らない街へ行く際に店の予約をしておきたい時などだ。これらの条件にあなたの店が当てはまっていないとしたら「インターネット広告を出す必要があるのか？」から検討したほうがいい。つまり、あなたの店のターゲットや使われ方によって、SP方法や広告媒体が変わってくるということだ。

たとえば、ランチ主体の店や20席未満の小さな店であれば、不特定多数に告知をするインターネットでの広告は効率が悪い。自店のブログを立ち上げて、細かく店の情報を伝えたほうが効果的だ。店頭への看板や店内にも、ブログのURLを大きく表示して、密な情報を限られた人に見てもらう工夫をしたほうが集客につながる。インターネットが苦手であれば、来店したお客と名刺交換をし、了解を得て毎週「今週のランチ情報」をFAXするなど、ピンポイントのSPを行うのが適する。

FAXでランチメニューを配信

名刺交換したお客の了解を得て、お得な情報をＦＡＸで配信する。押しつけや習慣ではなく、お客が楽しみにするような価値ある情報を提供してゆくことが集客の秘訣

10 スタッフ構成をリニューアルする

●スタッフを活性化する工夫が求められる

1店舗の店でも、ホールスタッフを厨房に入れ成功した店がある。本人のやる気や適性ということもあるが、飲食業界には、いつか独立して自分の店を持ちたいと考えている人が多く、ホール業務だけでなく厨房作業も覚えたいと思っている人が多い。「一国一城の主になる」をテーマに募集をする「くいものや楽」グループは、ホールスタッフも厨房スタッフもコックコートを着ていて、両方の作業を全員が覚えるようになっている。

「開業希望者」の修行を受け入れると、店のスタッフが活性化する。既存のスタッフは、いつの間にか日々の仕事に飽きてしまいがちだが、そこに明確な目標を持った「開業希望者」が入ってくると、刺激になる。いつもの職場が教室のようになり、店に変化が生まれる。

〝大求人難時代〟にあって、個人店が優秀な人材を獲得するのは難しくなっている。既存スタッフの個性を見極め適切に配置する、スタッフ構成のリニューアルはますます重要になっていくだろう。

数店舗を経営しているオーナーから「店長を変えただけで2割売上げが上がった」という話を聞いて、「やはり飲食店は人なり」ということを再認識した。前店長の能力が低かったのではなく、客層・ターゲットやスタッフの年齢層に合わせた「適材適所」があるのだ。

●客層に合わせたスタッフ構成で成功する

年配の店長の下に若いスタッフが働いていた店を、若い店長に交代しスタッフとの年齢差を縮めた結果、大きく売上げを伸ばした店も多い。店の長が若返ったことで横並びのチーム意識ができ上がり、店のターゲットである若い客層も取り込んで大きな輪が作られていった。お客とスタッフの交流ボーリング大会を開いたり、一緒にキャンプに行ったりと、さまざまな企画が行われるようになり、新しいネットワークができて活性化されたのだ。

年配の方をターゲットにして、スタッフもおじさんおばさんで成功している店ももちろんある。同時代を生きてきたことほど、居心地のいいことはないようだ。

修行に励む姿が店に刺激を与える

千葉・佐原で「炭焼本舗　ふくのや」をリニューアル中の坂本さんが東京・新宿「銀しゃりとひもの炭火焼　こころむすび」で修行中の光景。開業希望者の修行は、既存スタッフへの刺激になり、双方に大きなメリットがある

Column

広がる、リサイクルショップ活用術

リニューアルする際、コスト削減のために厨房リサイクルショップを利用することも選択肢のひとつである。ひと昔前、リサイクルショップの商品というのは文字通り、ほとんどが中古であった、今だにそのイメージに囚われている人もいるかもしれないが、今では実際に並んでいる商品の半分は新品である。

リサイクルショップが販売力を持ってくるにつれ、メーカーもその存在を見過ごせなくなってきたという背景がある。リサイクルショップの側からしても「あそこには４ドア冷蔵庫はあるがコールドテーブルはない」といったように、品揃えのばらつきからくる客離れを解消するには、安定した仕入れ先が必要になる。そうしたお互いの利害が一致して、リサイクルショップにもメーカーと直接取引した新品が並ぶようになった。

「テンポス」のようにチェーン展開しているリサイクルショップでは、希望の商品がない場合でも別の店の在庫から探してくれたり、入荷次第、連絡をしてもらうこともできる。中古品でも１年間の保証がついたりと、一般の販売店のようなサービスを提供するようにもなっている

毎月第１日曜日の昼に、テンポス新宿センターで「繁盛店のつくり方セミナー」の講師をやっているのだが、リニューアルを検討している人の参加も多い。最近のリサイクルショップでは、厨房設備の設置工事やちょっとした施工もするようになっている。

5章

リニューアルの具体的な進め方

01 「生活型」から「レジャー型」への基本的な考え方

●「生活型」と「レジャー型」では利用動機が違う

会社や家のそばにあって「ついで」に利用される店を「生活型」の飲食店と呼んでいる。「空腹を満たすために、会社や家の近くの店を利用する」——そんな目的で利用される店だ。食事目的のランチをメインとした昼型の店が多い。

かたや、遠くからでもお客が「わざわざ」来てくれる店を「レジャー型」の飲食店と呼んでいる。酒や料理目的の夜型の場合が多い。

ランチ中心の「生活型」飲食店から、夜も支持される「レジャー型」飲食店とするのが、最も多いリニューアルの例だ。

「生活型」飲食店の利用動機の優先順位は、①便利さ、②早さ、③割安感、④商品力、⑤接客。

牛丼の吉野家のキャッチフレーズ「うまい、やすい、はやい」は、まさに「生活型」飲食店のコンセプトを的確に表現した秀作といえる。

一方、「レジャー型」飲食店の利用動機の優先順位は、「酒」目的の店なら、①雰囲気、②接客、③商品力、④割安感、⑤早さ、が重視される。

「料理」目的の店なら、①商品力、②雰囲気、③接客、④割安感、⑤早さ、だ。「商品力」が一番で、酒目的の場合とは「雰囲気・接客」とが入れ替わる。

「生活型」の場合は、「便利さ・早さ」が求められるのに対して、「レジャー型」の場合は、「雰囲気・接客」や「商品力」が最も求められる。

●利用動機を知ることが繁盛店づくりの秘訣

同じ飲食店でありながら、利用動機の優先順位まったく違う。繁盛店づくりを考える時、「生活型」と「レジャー型」が混同されて論じられていることが多く、このことを取り違えたリニューアルが行われ失敗の原因になっている。

この章では、「生活型」から「レジャー型」へと、まったく違う利用目的の店へと変わった「炭焼本舗ふくのや」の事例をもとに、リニューアルの実際の進め方を紹介する。

生活型かレジャー型か？

生活型

レジャー型

●料理メイン

1, 商品力

2, 雰囲気

3, 接　客

●酒メイン

1, 雰囲気

2, 接　客

3, 商品力

02

商圏、競合店を調査し、リニューアル案を検討する

坂本純章さんが営む店は、千葉県香取市にある。最寄りの佐原駅は1日平均乗降客数3200人ほどの小さな駅だ。

駅改札を出て、駅前陸橋を渡って線路をまたぎ5分ほどの路地裏に「味泉食堂」はある。店前の人通りはほとんどなく、店から5分ほど離れた国道沿いに、チェーン居酒屋や本・ビデオショップ、紳士服チェーン店などが点在する典型的な地方の町だ。

駅前は空洞化し大型スーパーマーケットも閉じられている。これから何百万円もの投資をするには考えさせられる状況だが、隣接する警察署や、税務署は建物も新しく、7万人余の人口の香取市の官公庁が集まっていて、手堅いランチ需要を抱えている。

●商圏調査、店舗診断の結果と対策

・ロードサイドへ商業集積が移動した結果、飲食店立地もロードサイド（国道沿い）へ移動している。

・南口駅改札からの立体歩道橋による北口への人の流れは通勤目的に限定され、第一ターゲット（公務員）以外にとっては、完全なる路地裏立地である。

・特に店前の交通量に関しては、警察署・税務署・郵便局などに限定され、庁舎を利用する人以外の要因で店が認知されることはない。

●繁盛店にするための対策

・現在の「公務員の方」をターゲットとした、「生活型」需要にプラスして、夜の居酒屋利用に、「レジャー型」の魅力が必要。

・ポイントは、昼は「商品力」、夜は「雰囲気」と考える。

・夜の集客増がテーマになる。「非日常」がキーワード。家ではできない、手に入らないモノが提供される必要がある。雰囲気（内外装）、料理、調理法、接客など。

・定食屋から、夜も使える単品に強みを持つ「料理居酒屋」への転換が必要。

・新規の「目的客」をつくり顧客化すること。地域No.1の店（雰囲気、酒の品揃え、接客、面白さ、など）にならない限り、目的客を集めることはできない。

地方の大衆食堂をリニューアル

千葉・香取市にある「炭焼本舗　ふくのや」のリニューアル前の様子。典型的な地方都市の食堂の佇まい。お父さんからの代替わりに伴って業態を食堂から居酒屋へ変更するリニューアルとなる

03

開業費用を試算し、資金調達の目安をつける

リニューアル案をもとに、開業費用を試算した。

まず、店舗スペース約12坪の全面リニューアルと外観のイメージチェンジが必要と判断した。外観に100万円、内装に坪50万×12坪として600万円。設計、デザインなど、ソフト費に200万円、その他100万円の計1000万円を総予算とした。

リニューアルにかかる概算費用を、借り入れのために銀行へ伝えたところ「そこまでかけて本当に大丈夫なのか」「地元の業者に頼めばもっと安くできるのではないか」と言われ、月額の返済金額との関係もあり（改築の場合は7年返済）貸付額の大幅な減額を提案された。

銀行からの借り入れを含め坂本さんが準備できる金額は、試算した額と200万円の差があったため、私は「もう一度、銀行に交渉してみてください」と伝えた。

●中途半端なリニューアルなら、やらないほうがマシ

銀行の提案額を元にしたリニューアルが、まったく不可能という訳ではない。

しかし、私は「中途半端なリニューアルなら、やらないほうがいい」と思っている。減額する200万円が、今回のリニューアルが成功するかどうかの分かれ目になってくることは経験上わかっている。

繁盛店にするために「目的客」をつくる時、最後の肝心の部分である「雰囲気づくり」がこの減額によって削られるからだ。

●成功するリニューアルは、決意することから始まる

銀行への再交渉を依頼したもうひとつの理由は、坂本さんへ「決意を促す」ことにある。人通りのほとんどない閑散とした場所に1000万円もの投資をするとなれば、計画を進めていく間に、周りから「辞めたほうがいい」と反対の声が上がるかもしれない。

銀行から少し言われたくらいで計画を変えるようでは、心許ない。何しろ、人通りのほとんどない所で、わざわざ来てくれる店にしようとしているのだ。なまじの決意では、今回のリニューアルは成功しない。

その後、坂本さんは再度家族会議を開き、銀行や地元の商工会議所にも行き、費用を工面した。

まずスケジュールを作り計画全体の概観をつかむ

リニューアル・スケジュール

店名　味泉食堂→炭焼本舗ふくのや／佐原
オープン　2008年3月14日(金)・OPEN
レセプション　3月11日(火)大安

支払い	契約・見積 借り入れ	届け出	VI グラフィック				内外装・厨房 施工 解体・撤去	T.Y 食器・器 ・グラス 調理器具	メニュー案	CI導入 コンセプト ワーク	OPEN／Mt.	
			アプリケーション 広告宣伝	シンボル マーク	店名	施工・工事	店舗デザイン 設計				◆10／22 現地確認 (立地診断)	
◆支払い プロデュース料				◆11／24 ロゴタイプ プレゼン・決定			◆11／13 外観パース ゾーニング再 ◆11／24 外観パース再 内装パース 平面図			◆11／13 コンセプト 企画書・再 打ち合わせ ◆11／24 打ち合わせ	◆11／2 打ち合わせ プロデュース契約 現地(実測)	2007年11月
◆支払い デザイン設計料	◆工事契約		◆看板デザイン プレゼン・決定			◆12／14 工事見積依頼 ◆12／22 工事見積 合わせ	◆12／10 展開図仕上げ表 ◆12／14 基本図面完成 ◆施工図面 完成			◆12／14 図面打ち合わせ ◆12／22 見積もり 打ち合わせ		12月
◆支払い 工事費前金		◆保健所 申し込み	◆アプリデザ イン決定			◆1／10 再・工事見合わせ 工事契約 ◆1／28 着工 ◆解体 工事			◆メニューたたき案 打ち合わせ			2008年1月
					店舗工事	◆現場立ち会い ◆現場立ち会い			◆メニュー ラフ案決定		修行	2月
◆支払い 工事費残金		◆3／6 保健所検査	◆アプリ納品		◆写真 撮影	◆3／8 引き渡し完了 ◆現場立ち会い		◆食器納品			★3／11 レセプション 17：00〜 ★3／14 OPEN	3月

04

リニューアルの根幹をなす「コンセプト」を決める

地元で30年の歴史を持つ「味泉食堂」の何をどう変え、どんな店にするのか。次に、リニューアルの根幹をなす「コンセプト」を検討した。

●立地調査をもとに「コンセプト」を決める

リニューアルコンセプトが決まって、初めて何をどう変えるのかが明確になってゆく。「どんな店にするのか」という目標が決まっているから、メニューやデザインをどう変えるのかが検討できるのだ。今回のリニューアルが成功するかどうかは、このコンセプトにかかっている（コンセプトの決め方は、30ページ参照）。

立地調査の結果から、官公庁の方以外にも、30代のファミリーの流入傾向もみられた。そこで「味泉食堂」のリニューアルコンセプトは「佐原で暮らし働く30代の大人が集い、幸せになる炭火料理居酒家」に決まった。

リニューアルの依頼が最も多い、ランチ中心の生活型「ついで飲食店」から、夜にも選ばれるレジャー型の「わざわざ飲食店」へのリニューアルだ。また、父の代から子の代への「世代交代型」リニューアルでもある。

●家族全員の将来をプロデュースする気構えで望む

コンセプトシートを作成して、坂本さんと打ち合わせをした。

昼の顧客はそのまま残し、夜はまったく違う店にするという、いいとこ取りの企画なので「本当にこの通りになるのか？」というのが、坂本さんから最初に出た言葉だった。それまでも夜の営業はしていたが、１日の客数も10名を超える日は珍しいといった状態だったので、「夜は炭火料理居酒屋にして毎日20名以上のお客が来る」というのは、坂本さんにとってはリアリティがなかったのかもしれない。

何より、サラリーマンから実家の食堂の手伝いを始めた坂本さんには、実家以外の飲食店で働いた経験がない。「炭火料理居酒屋」などと言われると、料理に対する不安も大きかったろう。具体的な進め方やトレーニング先、メニュー例や調理法の話をして、結果的には提案したコンセプトを基にリニューアルを進めてゆくことに決定した。

店舗コンセプトはこうして導きだす

店舗コンセプトとは、「**他の店にはない違い、新しさ**」のこと。どんな「こだわり」を持っているのか、どんな「固有の強み」があるのか、店の特長・個性を明確にし、「家ではできないことは、何なのか」をハッキリさせると、わかりやすい店舗コンセプトになる

あなたの趣味や好きなことは何ですか？

- プロレスが好き（妻も）
- 人とジョークを飛ばしながら、話すこと

店の特長・個性はどんなことですか？

- 店主とお客さんの会話が弾む
- 炭火で焼いている（水郷鶏の串焼きメイン）
- ヘルシーな手づくりの料理が提供できる
- 焼酎の品揃え（50種類以上）が凄い

あなたの固有の強みは何ですか？

- 実家が定食屋として長く営業していた（お客さんがついている）
- 揚げ物に、自家製の人気料理がある（特に、昼のメニューとして）
- 母、妻、親父など家族従業員がいる
- 官公庁の中心にある。バス停が近い
- 地元である
- 祖父が元肉屋で父がセリ人だったので、仕入れや処理ができる
- サラリーマン体験があり、お客の立場になって考えられる
- 祖母から、新鮮な野菜が手に入る（実家の畑でも作っている）
- 焼酎ソムリエ、調理師免許を持っている
- カラオケスナック、宴会場がある

どんなことにこだわる店ですか？

- 遊び心（公務員の人に、ファンタジーを）
- 落ち着いた、お洒落さ（30～40代の大人の女性が喜ぶ）
- 居心地の良さ（接客レベルが高い）
- 手づくりの、美味しいものしか提供しない

↓

他の店との違い、新しさ。家ではできないこと →

- 遊び心に溢れた、落ち着いた雰囲気で居心地のよい、会話の弾む店
- 炭火で焼いた、プロの串焼きや自家製野菜が食べられる
- 佐原で一番の品揃えの地焼酎をソムリエが選び、美味しく飲める

05

店名・ショルダーネームを決める

リニューアルする際の象徴的な作業が、店名を変えることである。私は、個人店の方には、できるだけオーナー自身に店名を考えてもらっている。複数の店をやっている方には「繁盛する店名」をパシオで提案する場合も多いが、個人の場合、オーナー自身が考えたほうが、思い入れがこもった店名になり愛着が涌くと思うからだ。

●店名変更のメリットとデメリット

地元の方に愛され30年の歴史ある「味泉食堂」という店名には、家族の方の思い入れもあるだろう。軽々に「店名を変えましょう」とは提案できない。

それ以前に、変える必要があるのかの検討も重要だ。現店名を残すことによって手に入るメリットとデメリットをしっかりと把握する必要がある。夜は「炭火料理居酒屋」とコンセプトが決まっているから、「食堂」は取るとして「味泉」という店名を残すかどうかを検討した。「食事の店」のイメージが定着している「味泉」では、夜の居酒屋としての営業にマイナスになるということで、変更することになった。坂本さんに店名を考えてもらうことにし、1週間後、出てきた店名数十案を検討した。「縁起のよい店名にしたい」というのが坂本さんの意向で、奥さんいち押しの「ふくのや」に決定した。

店名を決める際は、インターネットで商標の調査をし、類似がないことを確認することも忘れてはならない。

●店の特長を「ショルダーネーム」に表わす

業種・業態は「炭火料理居酒屋」と決定していたので、今度は店名に組み合わせるショルダーネームを検討した。炭火の串焼きや炉端焼きを特長とする店であることを強調する「炭焼本舗」という言葉を使うことに決めた。「炭焼本舗ふくのや」の誕生だ。

ショルダーネームを決める時に注意したのが、昼に食事に来るお客にもマイナスにならないことだった。集客のための重要なツールである、シンボルマーク・ロゴマークをデザインする際には、店のイメージに合致した、デザインが求められる。炭焼本舗ふくのやの場合、個人店らしい親しみやすさに気をつけた。

シンボルマークとロゴタイプは繁盛店の核となる

● 決定したデザイン ●

数多くのアイデアが提出され、
さまざまな角度から戦略的にデザインが検討されてゆく

06

外観のデザイン、内装の平面ゾーニングを決める

飲食店は物販店と違い、入ってもらいさえすれば売上げが見込める、ありがたい商売だ。逆に言えば、お客に「入ってみたい」と思ってもらえなければ何も始まらない。外観はそのための最も大切な要素だ。しかし、今回は店前にほとんど交通量がない。通る人は、官公庁の決まった人にほぼ限定されている。予算的な制約もあり、外観にはあまりお金をかけず、内装にリニューアル工事の重点をおくことにした。

●ターゲット層が好む外観に変える

現在の外観に少し手を加えるだけでイメージチェンジを図りたい。もちろん、予算が限られているとはいえ、店の顔であることには変わりがないので、夜の「炭火料理居酒屋」としての集客に、魅力的なデザインを心掛けたのは言うまでもない。「昭和40～50年代の元気な日本」を内外装デザインのキーワードとした。リニューアルコンセプトの「30代の大人が集い」の部分に焦点を当て、ターゲットにした年代の人達が生まれ育った頃の雰囲気（＝異日常空間）をデザインテーマとしたのだ。

●「平面ゾーニング」

厨房も含め約12坪の食堂部分、10畳二間の宴会場。「味泉食堂」は、この2つのスペースに分かれている。厨房も含め約12坪の食堂スペースを、全面的にリニューアルし、普段は使われていない宴会場は予備スペースとして少しだけ手を入れることにした。食堂スペースにカウンター8席、テーブル席10席の計18席。10畳二間の宴会場には、卓袱台を4卓並べ、総席数32席の店とした。

夜は炭火で焼いた魚や野菜、串焼きがメインの店なので、炭火の焼き台をどこに置くかが平面レイアウトの最大のポイントになる。炭火の煙がシズル感をつくり、何よりもこの店の売りになる。会話好きな坂本さんは、焼きながらお客と話もしたいと言う。そこで、カウンター席を多めにとった。

昼は、定食用に大きめの盛り付け台が欲しいなど、厨房内の使い勝手も重要だ。

時には矛盾するような細かな要望を取り入れながら、平面ゾーニングを決定した。

外装のデザインを進める

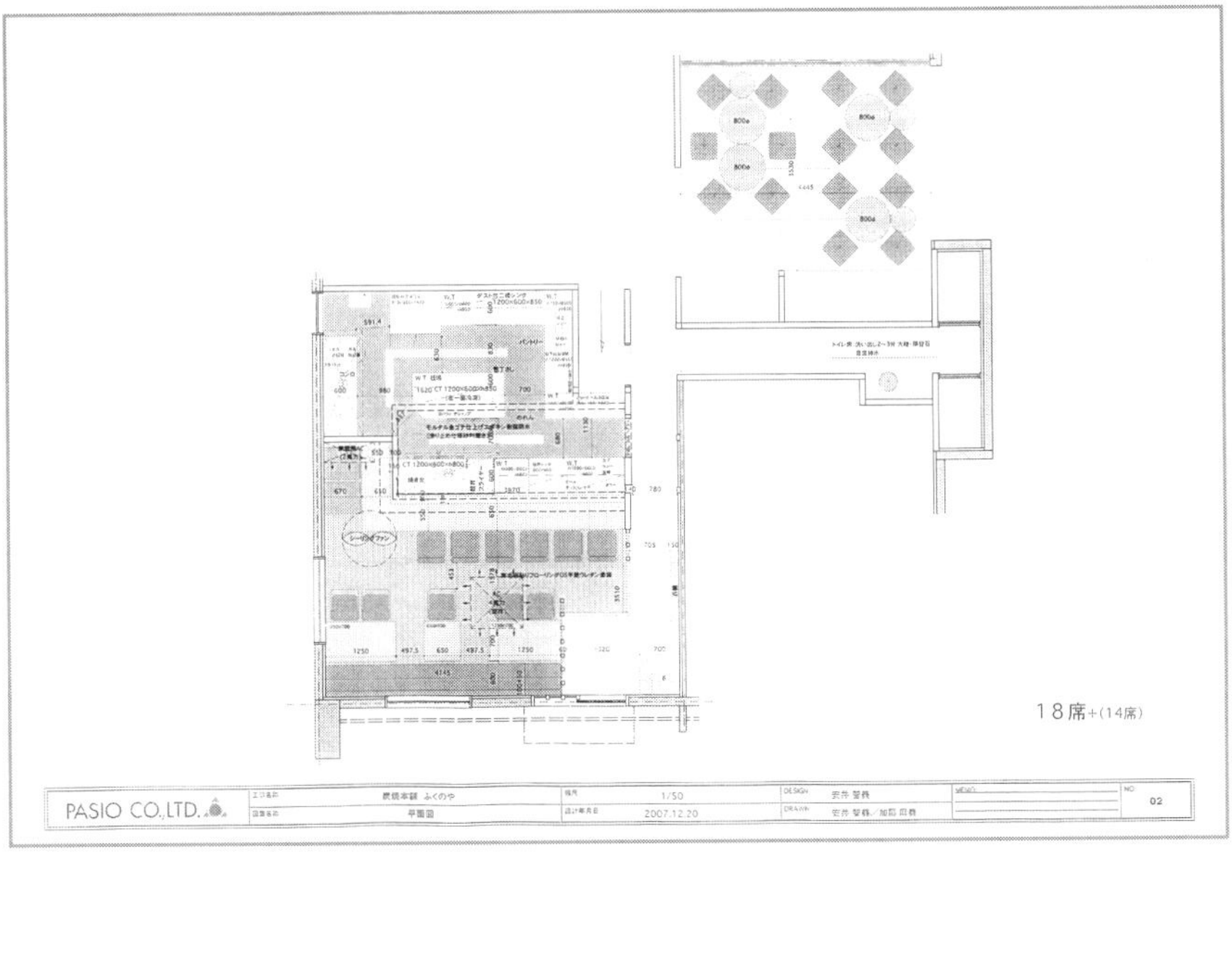

07

内装のデザインを決め、設計を進める

平面ゾーニングが決まり、「昭和40～50年代の元気な日本」というデザインの方向性が決まれば、後は内装のデザインをして設計図面を進めていくことになる。

●「内装デザイン」

平面ゾーニングが決まると、今度はそのレイアウトでどんな内装にするのかを立体的な絵で捉えてゆく。外観もそうなのだが、パシオでは、手書きの絵「パース」でクライアントにでき上がりを見てもらうようにしている。最近は、コンピューターグラフィックスででき上がり完成図をつくる会社も増えたが、パシオでは手書きにこだわっている。何か、手書きのほうがデザインした人の温もりが伝わり、コミュニケーションがスムーズに進むような気がするからだ。

床や壁・天井の仕上げ方、椅子のデザインや張り生地の色、カウンターの木の雰囲気、家具や間仕切り、照明器具のデザインなどが、現物のサンプルやカタログの写真と一緒に提示される。もちろん、ここで坂本さんが「木の色をもっと明るくしてほしい」「掃除しやすいように椅子の張り生地をレザーにしたい」などの要望を出しながら進めてゆくことになる。

内装のデザインが決定すると、細かなレイアウトを最終決定する基本設計図面を作る。エアコンの取り付け位置はどこにするか、洋服ハンガーはどこに付けるのか、コンセントの位置はなど実際のでき上がりがよりリアルになってくる。

●小さな商圏では合見積り依頼はとらない

基本図面ができたら、複数の工事会社を集め「合い見積り」する時がある。工事費を少しでも安く上げるため、仕上げをよりよくするために行う。しかし、今回は地元の工務店1社に見積りを依頼することにした。なぜなら、小さな町には工事会社自体多くあるわけではないし、見積り段階で断った会社の関係者すべてをお客として見込めなくなるからだ。小さな商圏では、このマイナス点は避けたい。もちろん、その会社の工事実績や担当者と会ってこの会社なら大丈夫と判断した上で依頼したのは言うまでもない。

内装のデザインを進める

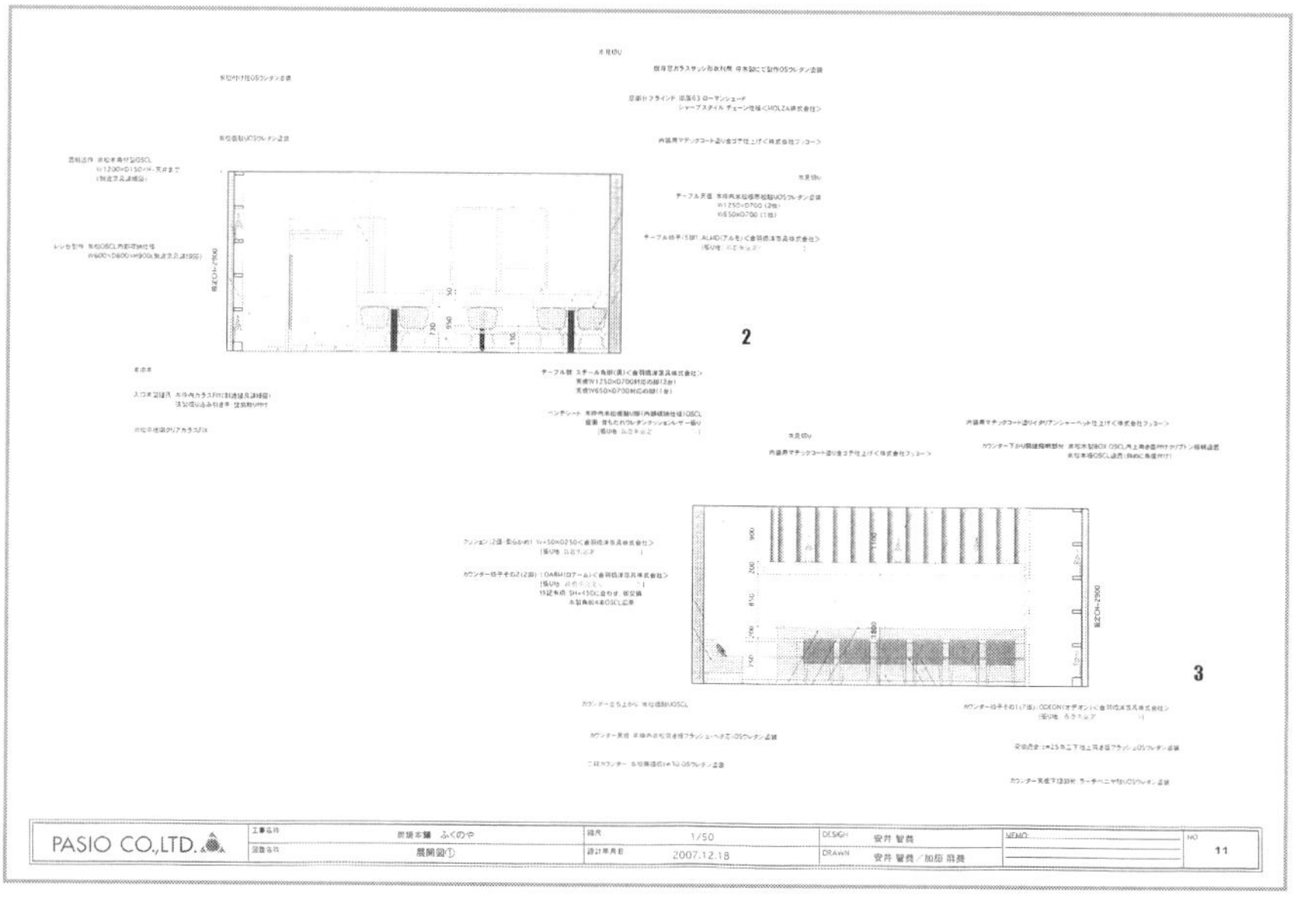

08 メニューを決める

内外装のデザインや設計と並行して、リニューアル後のメニューを決めていった。昼のお客を逃さず、夜のわざわざ客をつくるというのがテーマだ。

●少人数でも回せるメニュー構成を考える

ランチ主体の食堂から、夜も利用される居酒屋へと変わるので、当然大幅にメニューが変わることになる。

ランチ需要は、リニューアル後もこの店の生命線になる。今までのお客様に、今まで通り来ていただかなくてはならない。しかし、限られた人数で準備・提供する店で、夜の営業に主力を置くようにするとなると、ランチメニューも従来通りとはいかない。そんな矛盾を抱えながら、プランしていった。

ランチメニューは、今までの「食堂」での人気商品である、メンチカツなどの揚げ物を主体に、日替わり定食などのセットに絞り込み、メニュー数を大幅に減らした。ランチでも炭火の商品を出そうとも思ったが、焼き時間の問題もあり諦めた。

減らしたメニューにもお客がついているとのことだったので、注文があれば裏メニューとして、材料さえあれば断らずに出すことにした。

夜は、炭火で焼いた焼き鳥や野菜に、作り慣れている揚げ物や煮物を出すことにした。特に野菜は、実家でも作っているので、サラダや温野菜、漬け物などバリエーションを広くとり、大皿に盛りつけておいてそのまま出せるメニューを増やした。酒メニューもひと通り揃え、居酒屋としての利用に備えた。

ランチは人気商品のメンチカツとシューマイ。夜は、地元の水郷鶏を使った焼き鳥をメインにした。祖父が肉屋をやっていた関係で、お父さんが鶏を捌くことができることから、丸鶏で仕入れて自分でやることも考えたが、昼・夜と仕込み作業時間の長さを考え、当初はパーツ部位で仕入れ、カットと串刺しは自分達でやることにした。

酒は、焼酎マイスターの資格を坂本さんが取得し、プレミアム商品やあまり知られていない隠れた銘酒も厳選して、地焼酎50種を揃え徹底的に売ることにした。

新メニュー案

FOOD

■串焼き
水郷鶏／12種
●とり皮
●ねぎま
●レバー
●砂肝
●はつ
●ぼんじり
●せせり
●軟骨
●手羽先
●ササミさび
●ササミ梅じそ
●ササミ明太子
●自家製つくね
●ヘルシーセット・5本（女性限定）
●キムチバカセット・2本（きざみキムチ）
●ネギバカセット・2本（味付きざみネギ）
■おまかせ5本セット
■おまかせ10本セット

とことん豚／5種
●豚バラガーリック
●豚トロ味噌
●かしら
●しろ
●がつ

牛／2種
●牛テキ（ハラミ）
●牛タン

巻物／3種
●立派なアスパラ巻
●トマト巻
●えのきベーコン巻
●肉詰めピーマン
●うなぎ串
●うなぎの肝（2本）
●焼きおにぎり

■串揚げ／5種
●大阪ジャンジャン横丁の串カツ
●燻製チーズ
●大海老のタルタル
●でっかいアスパラ

■炭火ろばた焼き
おばあちゃん家の畑の
採れたて野菜／5種
●立派なグリーンアスパラ
●ギンナン塩炙り
●肉厚椎茸
●丸ごとエリンギ（アンチョビバター）
●とうもろこし、ナス
●新玉ネギ
★今日畑で採れたもの

ホイル焼／2種
●じゃがバタホイル焼
●ニンニクホイル焼

干物／3種
●アジ一夜干し
●きびなご一夜干し
●のどぐろ一夜干し
●さばのいしる一夜干し
★本日の旨い干物

海のもの／5種
●有頭エビ塩炙り
●明石タコ焼き
●殻つきホタテ浜焼き
●地ハマグリ浜焼き
●銀ダラの西京味噌焼き
（旬の魚を西京味噌で）
★旬の焼き魚

この他にも、季節の炉端焼きあります。
おすすめメニューをご覧ください。

自家製燻製（くんせい）／3種
●燻製トントロ
●鮭ハラスの燻製
●燻製サーモンのカルパッチョ

変わりもの／2種
●きつね納豆
●厚揚げ

■すぐdeます
●きゅうり丸ごと一本（牛味噌）
●だだ茶豆（枝豆）
●サラミdeソルベ
●キムチ
●スモークチーズ（燻製）

■珍味
●豆べえ（豆腐の味噌漬け）
●蔵王チーズの酒盗あえ
●数の子のワサビ漬け
●塩こんぶ
●豊後牛味噌
●とんぷら柚胡椒ポン酢

■OYAJIの好物
●自家製おしんこ
●たこポン
●とりあえず（鳥皮ポン酢）

■逸品料理
●トロトロもつ煮込み
ワイン仕立て
●まぜたら旨い
（山芋、オクラ、納豆、マグロなど）

■福を呼ぶ！
●大吉シュウマイ
●千寿奴（チーズやっこ）

■名物
●元祖メンチカツ
●懐かしコロッケ

■自慢の鶏料理
●パリパリ鶏皮せんべい
●ピリッと辛い砂肝の素揚げ
●名古屋の鳥モモ唐揚

■おさしみ
●づけマグロ
●山かけ
★本日のお刺身

○○屋豆腐店より
●そのまんま冷や奴
●○○さん家のざる豆腐

■サラダ
●炭焼き野菜のふくのやサラダ
●ネギだらけサラダ
（胡麻油ドレッシング）
●採れたて野菜ブルーチーズサラダ
●大根タワーサラダ（ちりめんジャコ）
（しそ醤油ドレッシング）

■小腹がすいたら
●鶏ガラ醤油ラーメン
●ソース焼きそば
●塩焼きそば
●稲庭うどん（佐藤養助）
●焼きおにぎり茶漬け
●お結び（3種）

■スィーツ
●伯方の塩アイス
●蔵王チーズ

DRINK

■ビール2種
■ノンアルコールビール1種
■ホッピー2種

■地焼酎50種
■ボトル焼酎2種

■VIOワイン2種

■スタンダードサワー10種

■オリジナルカクテル5種
■スタンダードカクテル20種

■果実種5種
■和リキュール5種

■日本酒1種
■地酒5種

■ウイスキー2種

■ソフトドリンク5種

お帰りには
●鶏ガラスープ
●「気持ち」のフルーツ
無料サービス

09 工事費の見積り後、改装の告知

工事開始前に、トラブル発生。工事業者の見積りが出るまで2週間かかるという。店舗工事をやりなれた会社のイメージで、1週間ほどでスケジュールを組んでいたが、主に住宅工事の多い地元の工務店にとって、パシオがデザインした店舗の設計は、普段やり慣れていない仕事だったのだ。工期も1ヶ月では無理とのこと。2週間待って見積もりを受け取ることにした。

●減額のコツは優先順位を決めておくこと

内外装工事費の見積りが工務店より出てくると同時に、厨房メーカーからも見積もりが出た。工事費が780万円、厨房機器等が190万円、総額970万円だ。想定した予算から200万円以上多いが、見積り額が予算オーバーするのは決して珍しいことではない。もちろん、予算を意識して設計するのだが、最初から予算を意識しすぎるとプランが小さくまとまってしまう。20%の見積り額の多さは許容範囲内だ。見積り内容を細かくチェックし、材料費などで額の高いものを拾い出し、材料変更で安くなるものは変える。今回は、床材をすべてフローリングに変える予定だったが、既存のモルタル砂利石部分を一部残し、既存のエアコンも、オーバーホールして使うことにした。トイレも全面変更したかったのだがそのままとし、壁のクロスの張り替えを坂本さん家族が自分たちで行うことにした。厨房機器も、まだ使えそうな冷蔵庫・シンクはそのままにして、なんとか予算内で納めた。減額する時のコツは、ゆずれない部分の優先順位をあらかじめ決めておくことだ。

●既存客に改装を告知し、改装後も来てもらう

改装工事の1ヶ月前に、店内に改装工事のため40日間休むことを書いたポスターを貼って告知した。ほとんど常連のお客なので、ことあるごとに坂本さんが改装後の店のイメージを伝えた。事前に話をしておくと親近感が湧いて、好意を持ってもらえる可能性が高まる。何か、お客が店つくりに参加している気分になるからだ。

この時、リニューアル後の開店日時をしっかりと告知することが大切だ。なにしろ昼に関しては、今来ている方にまた来ていただきたいのだから。

正式な見積もりは時間がかかる

御見積書

平成20年2月4日
No. T0712−138F

味泉食堂 御中
代表 坂本 純章 様

下記の通り御見積り致しましたので御用命下さるよう
お願い申し上げます。

¥1,360,000 (税別)

見積有効期限 60日間

納期（御受注後） 1ケ月
受渡場所 <炭焼本舗ふくのや>様
御支払条件 契約時1/3、引渡時2/3
備考

件名 <炭焼本舗ふくのや>様厨房機器工事

NO	名称	仕様	数量	単価	金額	備考
1	厨房設備機器		1式		1,163,550	
2	吊ボルト工事		1式		40,000	
3	搬入据付試運転調整費		1式		200,000	
4	現場経費		1式		20,000	
5	諸経費		1式		30,000	
6	出精値引		1式		-93,550	
	小計				1,360,000	
	消費税5％				¥68,000	
	合計				¥1,428,000	

＊注意：給排水工事、ガス工事、電気工事、給排気工事等の設備工事は別途と致します＊
＊注意：運搬搬入深夜の時間帯での御見積と致します＊
＊注意：追加品、追加工事につきましては別途、御見積と致します＊

【総括表】

Page− 1

名称／規格	数量	単位	単価	金額	備考
[1] 仮設工事	1	式		150,000	
[2] 解体工事	1	式		941,200	
[3] 木工事	1	式		2,530,335	
[4] 鉄骨工事	1	式		390,500	
[5] 防水工事	1	式		80,000	
[6] 板金工事	1	式		560,120	
[7] 左官工事	1	式		952,933	
[8] 木製建具工事	1	式		233,000	
[9] ガラス工事	1	式		132,600	
[10] 塗装工事	1	式		817,400	
[11] 家具工事	1	式		487,850	
[12] 看板工事	1	式		705,000	
[13] 雑工事	1	式		226,700	
[14] 電気設備工事	1	式		1,694,630	
[15] 給排水設備工事	1	式		578,586	

10

工事契約、そしていよいよ工事着工

減額した部分の図面を直し、再度見積りを依頼した。3日ほどして再見積書が出てきた。若干の値引き交渉をして予定金額に合わせ、工務店・厨房会社と契約をし工事代の半金を支払った。

●追加工事なのかどうかがわかる見積り書をつくる

工事代金の支払いは、契約時に前金として3分の1、工事中盤に中金として3分の1、工事が終了し店の営業をしばらくしてから不都合がないことを確認して、残金を支払うのが一般的だ。今回は、金額がそれほど多くないので前金で2分の1、残金2分の1の2回払いとした。

実際には、工事を開始してから変更や追加が出て「その分の費用はどうするのか?」となるのだが、そこはお互いの信頼の上で、としか言いようがない。

リニューアルの場合は特に、解体工事をしてみないと天井裏や柱の状態など、見積り段階ではわからない部分もあり、ある程度の追加費用は見込んでおかなければならない。つまり、追加の工事なのか、見積り内なのかがわかる見積り書が必要ということになる。

●ご近所への挨拶回りをして、いよいよ着工

工事開始の3日前に、菓子折を持ってご近所に挨拶回りをした。工事中の音や臭い、それと工事車両の出入りなどで、ご迷惑を掛ける可能性のある両隣の家や向かいの店の方に、工事工程表を渡しご挨拶をした。

工事着工の前日までに、食器や調理器具などを家族総出でかたづけ、掃除をして工事に備えた。30年の長きに渡り、苦楽を共にした店舗を解体するのだから、特にご両親には感慨深いものがあったと思う。

設計デザインの担当責任者として私も、木部塗装の色出しの時や壁部分の左官工事の時など、工事担当者との打ち合わせや指示出しのため3回現場へ出向いた。その時に待ち合わせて、自宅と隣接した工事現場で坂本さんと打ち合わせをした。

珍しいことではないのだが、築40年近い古い建物なので、解体してみたら柱の一部が白アリにやられており、補修・補強が必要な部分が何ヶ所か出てきた。

いよいよ工事開始！

11

改装工事中にやること

改装工事中にやることは多い。坂本さんの場合は、なにしろ実家以外の飲食店で働いたことがないのだから、「炭火料理居酒屋」としての調理技術を身につける必要がある。修行に出られるのは、工事期間中しかない。

●自分の店と同規模の店で「修行」

あらかじめ依頼しておいた、東京の炭火料理居酒屋でまずは1週間修行させてもらうことになった。ちょうど同じ18席の店なので、満席になった時の状況を経験できる。オーダーの取り方など、学ぶことは実に多い。

修行2日目に坂本さんから、冷蔵庫の数を増やして欲しいとの電話があった。働いてみて、自分がやろうとしている料理内容だと冷蔵スペースが足りないことに気づいたようだ。すぐに厨房会社に連絡をして、作業台として予定していたスペースを、台下冷蔵庫に変更して発注し直した。

次に、主力商品となる「焼き鳥」がメインの串焼き屋で3日間修行した。部位のブロックを切り分け串に刺す。そして炭火で焼く。今までも焼き鳥は出していた。ただし、ガスで焼いていたので炭を使うのは初めてだ。普通ならば、素人にいきなり焼かせてはくれないのだろうが、暇な時間に修行先の店長がレクチャーしながら坂本さんに焼かせてくれた。塩をふるタイミングや火加減の調整など、実際にやってみると思っていたより難しかったようだ。特に炭の扱いが難しく、ポーションが小さい焼き鳥の場合は、しっかり見ていないと焦がしたり、焼きムラが出てしまう。店が完成した後の調理トレーニングのメインテーマとなった。

修行の合間を見て、東京のパシオで打ち合わせを重ねた。ユニフォーム選び、食器の決定、メニューブックや名刺などのグラフィック物の製作打ち合わせなどだ。

修行先のメニューも参考にして、メニュー内容の最終決定もこの時に行った。思っていたよりも、炭を使うと焼き加減を見ていないといけないので、他のものを調理するのが難しい。手を加えずにそのまま出せる、居酒屋としての「酒のアテ」になるものをどうするかがメインの話し合いとなった。

グラフィックデザインで差を付ける

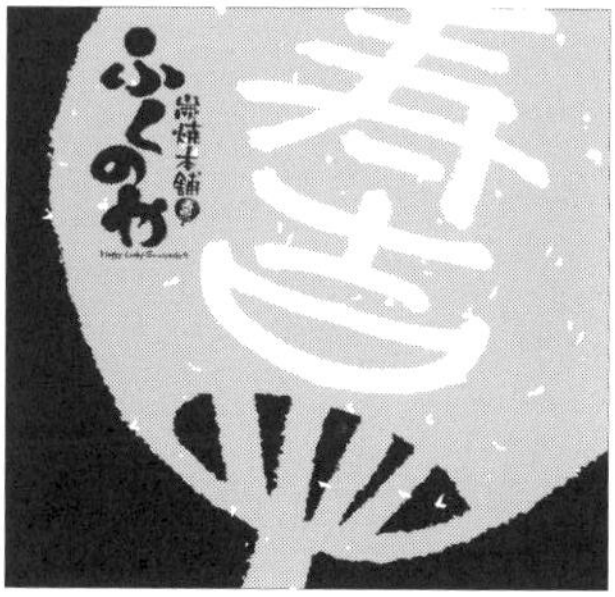

ショップカードやメニューのデザインの優劣は微差が大差を招く典型である。写真はふくのやのショップカードやメニューのデザインプランだが、店主自作のメニューとデザイナーがデザインしたメニューの差は見た目以上に大きい

12 引き渡し、保健所の検査、開業前の準備

天候にも恵まれ、若干の遅れはあったが、大きなトラブルもなく工事が完了した。外の看板など一部工事が残ったが、「引き渡し」を先に受けることにした。

●「引き渡し」で間違いがないかをチェック

工事が完了すると「引き渡し」という、工事会社から施主へのでき上がり確認が行われる。設計者として私も立ち会い、工事内容にモレや間違いがないかをチェックした。カウンター上部の棚の仕上がりなど、何ヶ所か細かな直しを指示して「引き渡し」は完了した。厨房機器も、厨房会社立ち会いのもと、実際に火を入れて不具合がないか確認する。食器洗浄機なども、取り扱いの説明を受けながら問題のないことを確認した。

特に、給排気の機械、厨房機器などは、実際にスイッチを入れひとつひとつ使えるかどうかチェックをすること。工事会社にとっては「でき上がりました。これでOKですね」という確認が「引き渡し」なので、しっかりとチェックしなければならない。

仕上がりに不満がある場合はこの時に伝え、直してもらうよう指示する（ダメ工事という）。変更点は、文章にして、ダメ工事が完了した時に再度チェックをする。

工事が完了すると、予約しておいた保健所の担当者が来て、提出した書類通りに衛生機器が取りつけられているか、手洗いなどが必要サイズを満たしているかなどをチェックする。ポイントは、食器が密閉された戸付きの場所に収納できるようになっているか、厨房内に従業員用の手洗いが設置されているか、などだ。20分ほどで保健所の検査が終了し、仮の営業許可書が交付された。

●掃除などの「開業前準備」

まずは家族総出で、掃除や整理が始まった。すでに納品されている食器類をダンボール箱から出し、使い方を教えてもらったばかりの食器洗浄機で洗って、棚へと収納してゆく。この作業には丸1日たっぷりかかると思っていたほうがいい。掃除用品やトイレタリー用品などの小物もリストアップして買い出す。玄関マットも早めに準備しておく。納品業者の出入りで店の床が汚れないようにするためだ。

細部にわたり入念にチェックする

13

レセプション、そしてついに開店

店の工事が完了すると、いよいよ本格的な開業準備へと入る。やっと、新しくなった厨房も使える。引き渡し後、開店までの期間は1週間だ。

翌日からは、メニューの試作が始まった。炭の取り扱い、焼鳥の焼き方などもこの1週間でマスターしなければならない。

●「レセプション」で調理や接客の練習

開店の前々日、工事関係者、近隣の方やパシオのスタッフも含め15名ほどが参加し、レセプションを行った。接客オペレーションの最終確認の場でもあるし、実践としての調理をはじめて試す場でもある。

この時、開店後の本番と同じように、通常通りオーダーしてもらうのがいい。調理をする人もホールを担当する人も、オーダーの取り方や出し方の練習になる。

それから、工事業者にも必ず参加してもらうこと（特に電気屋さん）。感謝の意味合いもあるが、実際に使ってみたら、ガスが弱いとかエアコンが効かないなどのトラブルがあった時、すぐに対応してもらうためだ。本番のように店を使うのはこの日が初めてなのだから、トラブルがあって当たり前と思っておくのがいい。もっと言うと、上手くいかない点を事前に発見する場がレセプションだ。だからレセプションは開店前日ではなく、1日間を空ける。その1日で変更や直しができるからだ。

●「開店」は終わりではなく始まり

いよいよ新装開店だ。ランチタイムには、常連さんの顔が並ぶ。開店するのを待ちわびてくれていた人もいることだろう。満席の店の中で、忙しそうに動く坂本さんやご家族の姿が、まだ慣れていないのでどこかぎこちない。夜の居酒屋タイムには、坂本さんの地元の友人が来てくれた。並びの官公庁の常連さんも来てくれている。炭火の焼き台を使うのは夜だけなので、ここからが本番。緊張した顔で焼き鳥を焼く坂本さんだが、どこか自信も感じさせる。上々のスタートだ。

もちろん、開店は始まりであって終わりではない。リニューアルが成功するかどうかの、スタートラインに立ったところなのだ。

リニューアル完成！

「レセプション」で本番同様に機器を使用することで、トラブルや不具合をオープン前に発見できる

大衆食堂から和風モダンな炭焼本舗ふくのやへ見事なリニューアルを遂げた。個人店のレセプションは完全な状態で関係者やお客にお店を披露するというよりも、使ってみて悪いところを見つけだしチェックするという意識をもって望んでほしい。綿密な検証をしながら計画をすすめてきていても、実際にやりはじめてみると気づかされることは実に多い

Column

人は飲食店に「快さ」を求めている

お客が飲食店に求めているのは「快さ」だ。お金を出して不快になりたい人などいない。「快さ」を求めて、お客がたくさん集まるのが繁盛店だ。

店を創り上げる人たちの気持ちが不快では、繁盛する店が創れるわけがない。リニューアルは、多くの人が仕事に参加してくれることででき上がる。そこに関わる人たちが、いかに気持ちよく仕事をしてくれるかが、繁盛のポイントだ。

リニューアル工事の現場で、進行を確認している時などに思うのだが、左官屋さんが「この店に繁盛してほしい」と思って気持ちよく壁を塗るのと「この店なんかどうなってもいいや」と思って壁を塗るのでは、仕上がりが違ってくると思う。繁盛して欲しい、お客さんがたくさん来る店になって欲しいと思いながら作業をしてもらいたいのだ。

そんな時、施主ができることは限られている。寒い冬の現場なら、温かいお茶を差し入れる。夏の工事なら、冷たいお茶を「暑い中、ご苦労様」と言葉を添えて渡す。工事現場は過酷だ。夏の現場でもエアコンなんかはもちろんないし、冬でも危ないからストーブなんて焚けない。寒い中、暑い中でリニューアル工事は進んでゆくのだ。

自分の店のために一所懸命仕事をしてくれている人への感謝を表現することから、繁盛店創りが始まっている。

6章

予算別リニューアル成功法

01 1万円までのリニューアル――超目玉商品戦術

1万円以下で何かしようとしても、なかなか思いつかないものである。今どき、お店を経営していて何かアクションを起こして変えようとなると、すぐに10万円、100万円単位でお金がかかる。「売上げが思うように上がらない、リニューアルしようにもお金がない、それでもなんとかできないの？」――そんな方が、私がやっている「開業改装相談」にたくさん来る。

そこで提案しているのが「超目玉商品戦術」だ。既存メニューの中から目玉になりそうな商品を選び出して、その商品を徹底的に売ってゆく方法をとる。

●今ある商品で名物をつくる！

東京・北千住の豚専門店「豚蔵」では、イベリコ豚の「しゃぶすき」を超目玉商品とし、徹底的に売ることにした。「しゃぶしゃぶ」と「すき焼き」を組み合わせた料理なのだが、ネーミングも面白いし「下町名物」の文字を添え、店頭の目立つ場所に大きなポスターをスタッフが書いて、貼り出した。

今の時代、デジカメで商品の画像を撮ってパソコンのワープロソフトを使ってポスターにすることくらい、どの店でもできるようになった。1万円の費用はそうした手作りポスターに使う。メニューに売り物をつくり、徹底的にアピールしてゆくことが、少額予算でできるリニューアルだ。

●できることは自分たちでやってみる

来店動機を創るためには、「その店にしかない」という商品イメージを構築することが大切で、攻めてゆくための切り口として超目玉が必要だ。東京・高田馬場にある「あっさり串揚家　でびと」は、脱サラ開業の路地裏の店だ。開業後、「でっかいアスパラの串揚げ」を目玉商品にして仕掛けた。さらに、「季節の釜飯」も目玉商品とした。店主が、釜飯の具をわかりやすく説明した手書きイラストのメニューPOPを作成し、店頭に貼り出すことで集客につなげている。

イラストでメニューの中身を細かく書き込んでいるのだが、これは製作者本人しか描けない。だからこそ訴求力があるのだ。

手作りPOPでリニューアル

「でびと」はオートバイ好きの店主がHarly Davidsonにちなんで付けた店名。入口の引き戸の取っ手にオートバイのマフラーを使うなど、外観にもこだわりがある。あっさり串揚や釜飯など味わい深い隠れ家的な店だ。入口にかかげられたオーナー手書きのPOPは、親切で可愛らしく、料理の内容やこだわりを伝えている

⬆あっさり串揚家　でびと

02 10万円までのリニューアル——季節や行事の演出

会社のポストを覗くと、毎日といっていいほど、何かしらのチラシがポスティングされている。チラシは用がないときは単なるゴミだが、タイミングが合えば重要な情報へと一変する。

パシオの近くにある海鮮居酒屋は、毎月決まって手書きのチラシをコピーしてポスティングしている。チラシの内容は「○○祭り」と題したもので、絶えず旬を伝える手法をとっている。季節によって「鰹祭り」であったり「ふぐ祭り」であったりするわけだ。

大切なのは、変化をつけながら継続して行ってゆくことにある。この種の広告や演出は定期的に実施することで、じわじわと効果が現れてくるものなのだ。

●季節感を利用して変化をつける

10万円以内でできるリニューアルとなると、店のディスプレイを季節に合わせて変えてゆくことも考えられる。

この店も、店内の演出を「○○祭り」に合わせ毎月変えている。季節によって店にかかっている絵を変えるだけでも、お客は敏感に反応する。秋になると、干し柿や大根を店頭軒下にディスプレイして人目を引き、「入ってみたい！」という強いインパクトを与えている。

お客の側からすると毎月テーマを持った「旬」の飾り付けになっているわけで、都会にいながらにして季節感を感じることができるのがありがたい。

●ディスプレイやイベントで行事を演出する

レストランなど「洋」の店でも、季節感を仕掛ける切り口は豊富にある。バレンタインのチョコやクリスマスのケーキはいうまでもなく、ハロウィンのカボチャなど「行事」をテーマにした飾り付けとメニュー提案の連動は、直接的な集客につながる。その行事が持つ「いわれ」や「物語」が店の中にディスプレイで演出され、そこに「手作りデザートのプレゼント」などちょっとしたイベントでも組み合わせられていると、お客はワクワクしながら楽しめる。

いつもの店でも、ちょっとした工夫で新鮮な雰囲気作りをすることは可能だ。

手作りチラシを効果的に使う

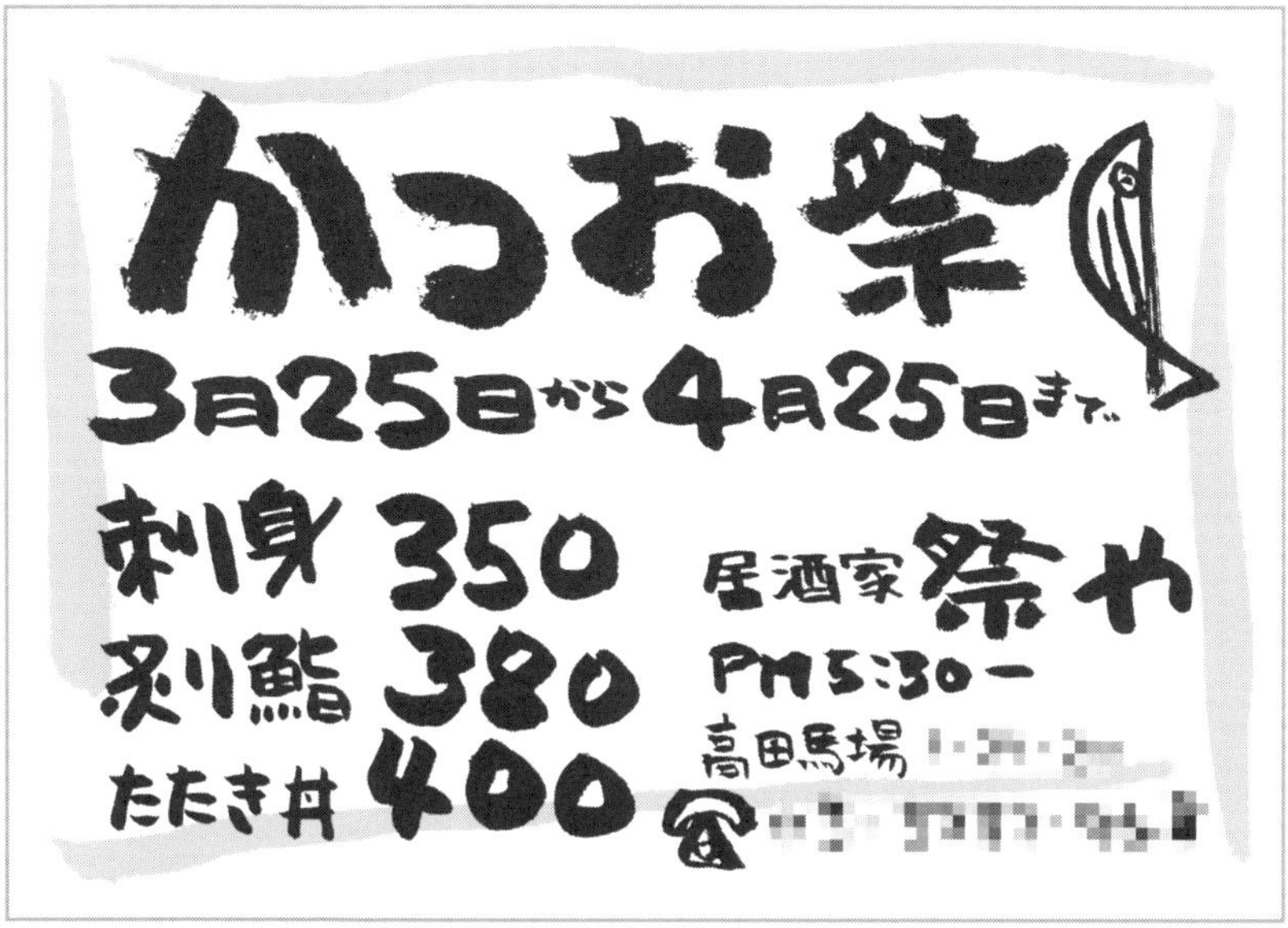

- 手書きのチラシを小部数コピーして、お店周辺のオフィスにポスティングする。タイトルや店名などの固定情報は読めるようにしっかりと書く。期間や目立って欲しい品名を大き目に書いて、デザインにメリハリをつける
- 都心部では立ち入り禁止やチラシを投函できない物件が増える中、自分の店の客層をイメージしながらポスティングしてゆく。旬の情報を辛抱強く定期的に継続して提供することが大切
- いつも同じメニューで季節感のあるメニューを取り入れていない、いわば停滞している元気のないお店では、この種のチラシを継続して作ることはできない。つまり、単にチラシをまくというより、そうした下地のあるお店にリニューアルすることが繁盛につながる

03

50万円までのリニューアル——看板でイメージチェンジ

50万円までの予算なら、看板に重点をおくリニューアルが効果的だ。既存看板のリメイクであったり、袖看板やA型看板の新設・増設で、来店したことのない新規のお客にこの店がどんな店なのかを伝えることに集中したい。どんな特徴の店で、どんなメニュー構成、いくらぐらいの店なのか？ 店の外にきちんと表示し、道行く人にアピールする。看板は大切なコミュニケーションツールだ。

●人を遠ざける看板と招き入れる看板

何屋なのかわからない、何を言っているのかわからない看板は、お客を遠ざける。反対に、この店は何屋で、何をいくらで売っているのかをわかりやすく伝えている看板は、入ってくるきっかけをお客に与えてくれる。

私が住む駅から5分ほどの場所、商店街がとぎれるあたりに夜遅くまで営業している一軒の居酒屋がある。店頭には「家に帰って食う飯あるか？」と書かれた看板が出ている。駅から離れた立地にある店に、このひと言はこの上ない決め台詞である。

「家に帰って食う飯あるか？」の看板が目に入ると「そうだ！ 家に帰っても食べるものがないかもしれない。じゃあここに寄っていこうか」となるわけだ。

●看板で地下や階上の店に誘導する

1階路面に面した、間口が広く店内がよく見える店でも、看板の果たす役割は大きい。店頭に置かれた看板に書かれたメニューなら立ち止まって見るかもしれないが、お客は店の中を覗き込むことをしない。

まして、地下や2階に店があるなら、看板の重要度は跳ね上がる。1階の看板で、店内の様子やメニュー、スタッフの写真を看板に表記すると集客につながる。

なぜなら、外から中がどうなっているのか見えないので、少しでも店内の情報があるとお客は安心するからだ。さらに、店主の考え方やこだわりも外の看板でわかれば、より来店につながる。

お客の側からしたら、大切なお金を使うのだからより魅力的な店に行きたい。絶対に、「あぁ！ 入って損した」とはなりたくないのだ。

道行く人の心をつかむ看板

看板くらいとあなどることなかれ！　「なんだこれは？」「そうだよな」「おかしいね！」そんな話題のネタになるような文面の看板は、集客の大きな武器となる。他にも優れた看板には設置場所や設置時間、形状・仕様、デザインやサイズとさまざまな要素が関係する

04

100万円までのリニューアル——外観を変える

100万円の予算になると、リニューアルでできることはかなり広がる。しかし、いろいろできるということが、かえって落とし穴になることがある。あれもこれもと手をつけて、結局すべてが中途半端になってしまうことが多いからだ。

そうならないために、100万円までのリニューアルでは、店の外観のような最も投資効率のよいところ一点に、予算を集中して使うことをお勧めしたい。

●一点集中で予算を使う

集客に的を絞るなら、外観に予算を集中してつぎ込むのがよい。外観だけで100万円の予算となれば、相当なことができる。

たとえば、外観を目立つ色に塗り替える、ライティングを変えて、見せ方を一変させる、などだ。

静岡にあるイタリアン・ビストロを経営相談のために訪れたところ、店の外観はシックなチャコールグレーで全面が塗られていた。落ち着いた色とデザインで、一見すると高級店のようで入りにくい。中に入ると、明るめの照明や色使いで、陽気なビストロの雰囲気が醸し出されている。実際には、夜の客単価3500円から4000円ほどと決して高級店ではない。

外観を楽しく陽気な雰囲気をイメージさせる、サーモンオレンジ系の色に塗り変えただけで、雰囲気はガラッと変わって来店客数が2割増えた。

●照明で店の表情がかわる

「造作を大がかりに変更しなければ店の外観イメージは変わらない」と考えるべきではない。外壁の色を変える他に、照明を変えるだけでも店の表情は大きく変わってくる。

夜の営業が中心の、雰囲気を楽しむ店なら特に、光の当たるところと当たらないところ——照明による建物の表情の変化は人を魅了する。照明計画の見直しだけでも、効果は大きい。店内でも、照明の種類を変えたり、位置をズラすだけでも随分とムードが変わる。要は、照明の重要度をどこまで理解しているかの問題だ。

照明が店の表情を作る

東京・千住　千寿籠太は駅の際という好立地ながら商店街からは道一本はずれ、人通りの少ない路地裏にある。当初は大きなアクリル看板が表示されていたが、外観すべてを看板と考え、ライトアップによって魅力的で注目を集める外観へとリニューアルした

05

200万円までのリニューアル——自分も施行作業に参加する

200万円というのは、ある意味中途半端な予算である。メニューや看板だけをリニューアルするのに、そこまでの予算はかからないし、かといって店の内外装を大幅に変えるには少なすぎる。

しかし「自分たちも内装工事を手伝う」となれば話は別である。200万の予算で内外装を大幅にリニューアルすることができる。

ここでは、200万円の予算を、自分も工事に参加して使うケースを紹介する。

●和紙を使って手作業で仕上げた壁や、手縫いの暖簾

東京・自由が丘の「粗食おもてなし料理 野饗《のあえ》」では、横幅7~8mくらいの長い壁面に、いろいろな表情を持つ和紙を女性オーナーとスタッフで貼って、手作り感いっぱいの温かい内装をつくり上げた。

さらに客席を区切っている2mほどの長い暖簾は、古い着物の生地を自分たちで縫って店の雰囲気アップにつなげた。入り口の門についている暖簾も同様に自分たちで作った。

入り口の戸は、骨董品の蔵戸を自分たちで探してきて、紙ヤスリなどで削り塗装をして仕上げた。

200万円までの予算で、内外装をリニューアルできた好例である。

●自分たちでやる部分と、プロにまかせる部分を分ける

ただ、自分たちで施工するとなると、デザイン的なセンスも要求される。デザインだけを専門家に依頼し、施工作業は自分や店のスタッフだけで行うこともできる。

「野饗」の場合は、全体のリニューアルデザインはインテリアデザイナーに依頼した。希望を伝え、内装のカラーコーディネートをまかせ、壁紙などの素材選定や塗装の色選びはプロに頼んだ。自分たちでは手に負えそうもない蔵戸の取りつけや間仕切りや棚などの木工事も、工事業者に依頼した。

自分たちでできることは自分たちで、まかせたほうがいい部分は専門家に依頼する。これが、200万円リニューアルを成功させるポイントだ。

手作りでリニューアルした野饗

写真左側の壁は大工さんにベニヤ板で仕上げてもらいそこから先は店の女性オーナーとスタッフが一週間かけて和紙を貼り付けた

➡素食おもてなし料理　野饗

古着を買ってきて女性オーナーが縫ったのれん
ベニヤ板に和紙を貼ってディスプレイにした

06

500万円までのリニューアル――プロを使い、改善点に集中する

●優先順位を考えて「何に集中するか」を決める

500万円の費用を使えるなら、かなり大がかりなリニューアルができる。

えてして、あれもやりたい、これもやりたいで、外観、内装、メニュー、販促と予算を分散させがちだが、店の抱えている問題点にポイントを絞り込んで、優先順位を決め集中してリニューアルしたほうが成功する確率が高い。

たとえば、それは外観と内装かもしれないし、徹底的に販売促進を見直すことかもしれない。専門家に売れるメニューの開発を依頼して、総合的にメニューを見直すことかもしれない。

500万円の予算を、優先順位の最も高い一点に集中して投資し理想の状態にする。そして、余った予算を次に回す。経験からいって、このほうがはるかに成果は上がる。「500万の予算を、どう振り分けるか？」という発想から、目的を達成するために「何に集中するか？」をまず考える。

●店名、マーク、ロゴを変え、ファサードに集中投資

埼玉県の、フランチャイズチェーンから脱退したラーメン店のリニューアルでは、経営が替わりまったく新しい店になったイメージを創る必要があった。

まずメイン商品のラーメンを変更、新しい味を作りメニュー構成を変えた。道行く人たちに訴求するため、A型看板で新メニューをイラスト入りで表示した。

次に、予算のほとんどをファサードの演出に集中して使った。店名を変え、こだわりの手作りラーメン店をイメージさせるマーク・ロゴタイプをデザインし、それをキービジュアルとして新イメージを創っていった。入り口付近を、個人ラーメン店の雰囲気に変え、看板はキービジュアルで徹底的に訴求した。内装にも、アクセントとなるキービジュアルをデザインした額をディスプレイした。余った予算で固定椅子を取り外し、動かせる木の丸椅子に変え〝個人店感〟を演出した。

結果として、フランチャイズ店から繁盛個人店への見事なリニューアルを成し遂げることができた。

リニューアル予算は集中して使う

お金の使い方　良い例

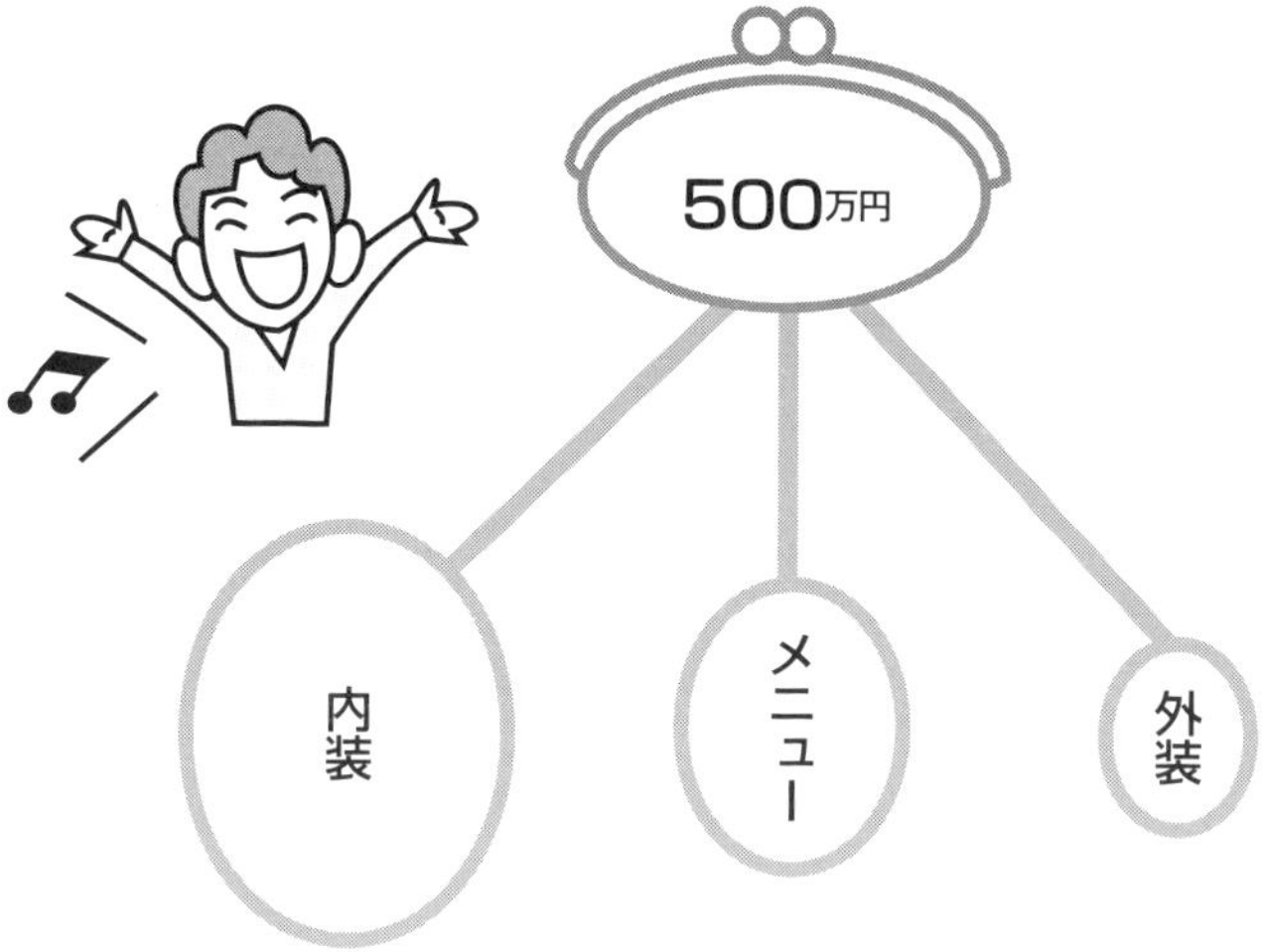

お金の使い方　悪い例

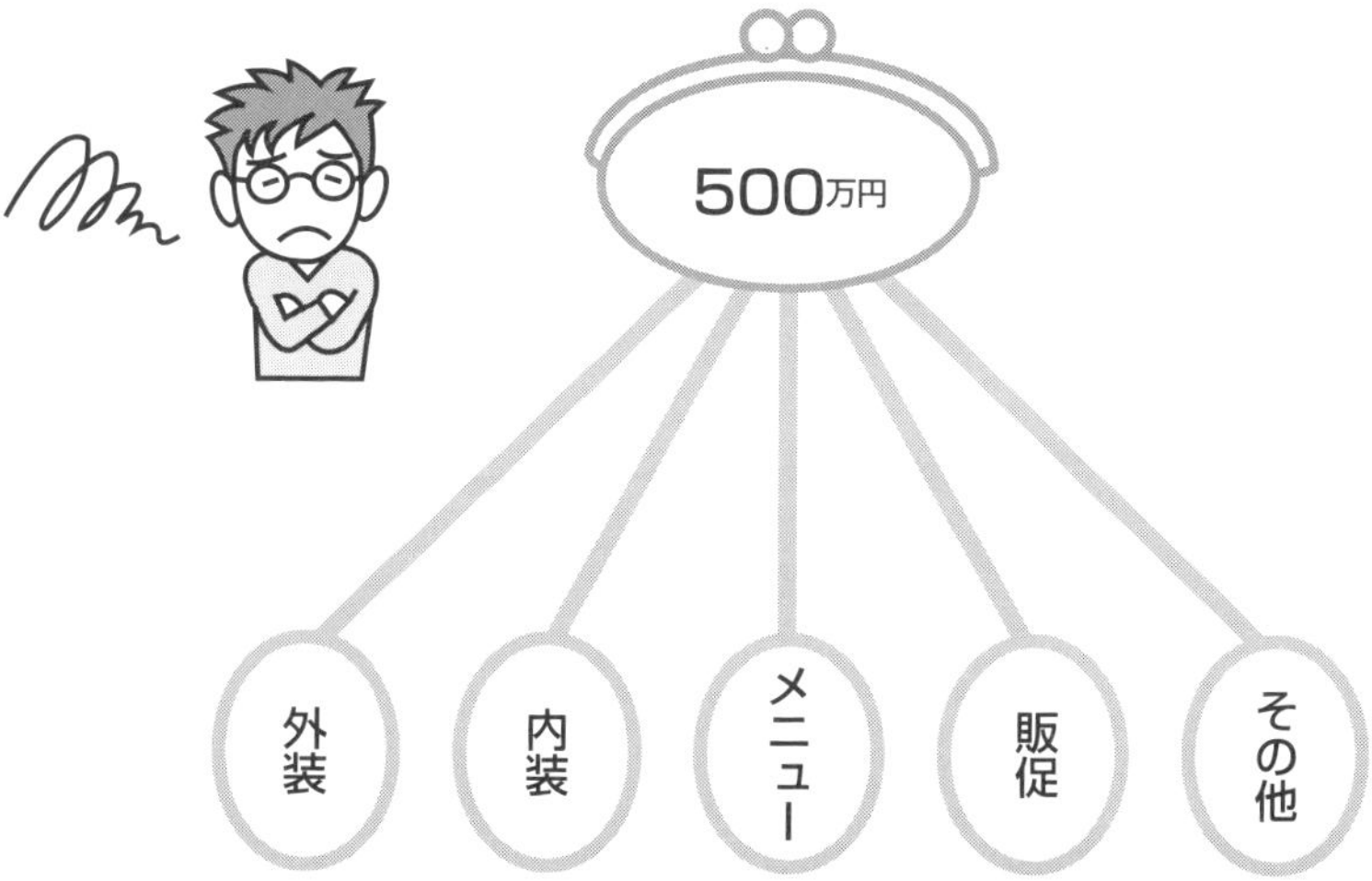

07

1000万円以上のリニューアル——設備もしっかりお金をかけた本格リニューアル

リニューアルに「お金を多くかければ繁盛店ができるか?」といえば、必ずしもそうではない。店が抱えている問題点が、改善されるかどうかに繁盛の鍵がある。それでも、1000万円以上の投資が可能となると、成功のための選択肢は相当広がる。

●1000万円以上かける価値があるのか?

1000万円以上をかけてリニューアルに着手する時、最初に考えなければならないのは「それだけのお金を、今の店に投資する価値があるのか?」ということだ。

飲食店は立地業だ。言い方を変えると「その場所は、1000万円以上投資するに値するのか?」を考えることだ。店の抱えている問題点の原因が、主に「立地」によるとしたら、リニューアルによって本当に改善されるかどうかをまず検討する必要がある。

1000万円以上となると、投資の回収に何年もかかる場合が多い。そうなると、その場所がこれから何年かの間、繁盛立地であり続けるかどうかを調べておきたい。都市の開発計画や核となる顧客の会社の移転計画、商業ビルの建築計画なども知っていたい(新しくできるビルに、同一の業種・業態の競合店ができるかもしれないため)。

●基本設備をしっかりと見直すところから始める

立地がいけるとなったら次に、基本設備をしっかりと見直したい。基本設備とは、給排気や空調、給排水、ガス、電気などの設備のことだ。店を営業する上で大本となる、基礎の部分だ。

多くの場合、老朽化した店舗では、床や天井に隠れた配管や配線がトラブルの原因になる。基本設備のトラブルに時間や意識を割かれると、仕事に集中できない。お客に満足感を味わってもらうためにも、基本設備の充実は欠かせないのだ。それから、店舗コンセプトの見直し、業種・業態、客層・ターゲット、商品、接客、雰囲気を見直して、リニューアル実施となる。

土台となる基本設備がしっかりしていればこそ、力強いリニューアルが可能となる。

高額リニューアルはお店を“ゼロ”から見直す

Column

０円でお客を呼ぶ５つの秘訣

秘訣その１　見物大歓迎

ただ単に「営業中」の表示だけではなく、「見物大歓迎」と、道行く人の気持ちを惹きつけるインパクトのあるポスターを店頭に表示し「どうぞお入りください」と、来店を促す。

秘訣その２　店の戸を開ける、暖簾をめくっておく

路面の店なら、店の扉を開けた状態にしておくと道行く人に店内の様子が見えて安心感を与える。賑わいの声が店の外にもれ、「入ってみようかな？」というアプローチになる。

秘訣その３　外に音を流す

「音」は人の気持ちに大きな影響を与える。店で流れているＢＧＭを外にも流して店の雰囲気を音でアピールすると、道行く人たちの関心を引くことができる。

秘訣その４　お友達チケット

名刺や店のカードに手書きで、次回来店してくれたときの特典を書き込んでお客に渡す。人と人とのふれあいや「お客様だけサービス」のイメージが、また来たいと思わせる。

秘訣その５　超凡時徹底

挨拶、掃除――当たり前のことを徹底するのに費用はかからない。店のユニフォームを着て、店周辺を毎日丁寧に掃除して水を撒く。一生懸命働く姿を見ると、店への共感は高まる。

7章

業種別成功する
リニューアルのポイント

01 居酒屋のリニューアル

居酒屋は、お酒を飲む場所、雰囲気を楽しむ店であることを、リニューアルにあたって再認識することが大切だ。雰囲気は、人が右脳で感じる部分で、辞書には「その場にかもし出されている気分。ムード」（大辞林）とある。どうも、言葉で説明するのはなかなか難しいが、繁盛のポイントであることは間違いない。

●提供する酒にあった雰囲気を創る

日本酒をメインに飲んでもらいたい店なら、日本酒のイメージを膨らませてみる。たとえば、酒蔵のようなヒンヤリとした静かな雰囲気。ワインを飲む店ならラテンの賑やかさ、ビールならビアホールの開放感、といった具合に、雰囲気をメインのお酒に合わせて創ってゆける。

●大衆店には大衆店の演出がある

大衆的な居酒屋では特定のお酒をアピールしないで「うちは日本酒もビールもワインも何でも飲でください！」とフルラインの品揃えを売りにしてゆく。席のレイアウトも、少人数客を狙って個室に区切るよりも、店の一体感を意識して仕切りを取り去り、店全体に賑わいを持たせた演出をしてゆくことがポイントになる。

●照明ひとつでも、雰囲気を大きく変えられる

店の雰囲気は、照明ひとつによっても大きく左右される。照明を電球色にして陰影をつければ、店に温かで心やすらぐ表情を与えられる。

どれくらいの明るさにするのかも大きな問題だ。ほの暗くするなら落ち着いた雰囲気の店になる。賑やかな店にしたいなら、全体を明るくして活気を演出してみるのもよい。

靴脱ぎスタイルの店にしたり、掘り炬燵席をもうけても、店内に変化をつけることができる。掘り炬燵などは、今はほとんどの家庭で見かけないので、その居心地のよさと異空間が魅力となる。

いずれにしても、そうした内外装が店の雰囲気に合っているかどうかで判断しなければならない。居酒屋リニューアル成功の秘訣は、雰囲気創りにつきる。

地方都市の居酒屋リニューアル成功例

レトロな雰囲気でお洒落で楽しいお店。ショルダーネームが予感させているように「和」だけでなくパスタやバーニャカウダといったイタリアンの要素も盛り込んで楽しめる元気印の店

⬆炭火 de 串焼　ぴんすけ

02

和食店のリニューアル

和食店のリニューアルは、調理する職人の姿を「どう見せてゆくのか?」という〝見せ場〟の演出がポイントになる。

●「見せ場づくり」が繁盛のポイント

東京・赤坂の「溜池 うさぎ家」では、10席のカウンターで板前が調理しながら接客する見せ場を創るリニューアルをした。

和食店の場合は、居酒屋などのオープンキッチンとは別の意味で、職人が調理している凛とした姿が最大の見せ場になる。わかっていても、半調理品が一般化している現代にこれがなかなかできないことなのだ。

カウンターは二段式ではなく、フラットなカウンターにして手元が見えるようにしたい。プロの職人の技をアピールする見せ場が、和食店では最大の売りになる。

●客単価にあったイメージ創り

料理さえおいしければ、店は繁盛するとは限らない。器や盛りつけなど「見た目」も重要だ。ユニフォームや会話も、おいしさを醸し出す演出だ。ただ黙々と料理をつくるだけでなく、職人にも接客することが求められる。

客単価が7000円を超える店なら、それに見合ったグレードの材料を内外装にも使いたい。高級店のカウンターが、一枚板ではなく合板で造られていると、せっかくの料理も安っぽく見えてくるから不思議なものだ。客単価にあった材料を使いイメージを創ってゆくことが大切になる。

●旬のメニューで勝負する

和食店のメニューで大切なのは「旬」をいち早く取り入れることだ。グランドメニューを頻繁に改訂するというよりも「本日のおすすめ」に店の個性を出すのがよいだろう。

旬を感じづらくなった現代社会では、ちょっとした季節を感じさせる食材が、和食店の集客につながる。料理を通して季節感を感じ取ってもらうことが、和食店の醍醐味だ。そのための、店創りを考えるのが和食店リニューアルのポイントなる。

和食店の見せ場はカウンター

紅殻色の壁が目印の隠れ家的和食店。手作りの安心感と美味しさを提供する。地元の料理屋に生まれそだった兎年生まれのご主人が、旬の鮮魚や鍋物を調理するところを見ながらカウンターで食べる

⬆溜池　うさぎ家

03

ラーメン店のリニューアル

ラーメン店リニューアルのポイントを語りだすとキリがなくなるが、ここでは「席数をコントロールする」話をしたい。

魅力的なラーメン店には賑わい感がある。人は、いつもお客で賑わっている店に行きたくなるものだ。

この賑わい感を大きく左右するのが「何席の店にするか」だ。席数が少なすぎれば、売上げも少なくなるし、反対に多くすれば賑わい感が出しづらくなる。このへんが、ラーメン店リニューアルのポイントになる。

●席数を減らして、繁盛する

店によって一度に茹でられる麺の玉数は決まっている。たくさんの人数を店内に座らせたとしても、一度に作ることのできるラーメンの数とのバランスが悪いと、お客を長く待たせる店になる。席が多ければ売上げが上がるという考え方は、ラーメン店では通用しない。

個人のラーメン店では、テーブル席をなくしてカウンター席だけの店に席数を減らすリニューアルをする場合がある。

たとえば、一度に4玉茹でるのに5分かかる店があるとする。3クールなら、12杯提供するのに15分かかる計算になる。4クール目からは、20分以上お客を待たせるわけだ。それなら12席で十分だということになる。もちろん、実際は計算どおりに注文がくるわけではないが、長く待たせるなら客席には座ってもらわないほうがいい。だから、客席数を減らすのだ。

●客層や使い方に合わせた客席数が必要になる

ところがラーメン専門店ではなく、ラーメン居酒屋やラーメン食堂的な店になってくると、話は違ってくる。ちょっとしたつまみを出してビールを飲んで、シメにラーメン、となる店の場合はお客の滞在時間も長くなり、席数を多くとっておく必要がある。

また、駐車場をたっぷりと完備した、ファミリー客をターゲットとするロードサイド型の店舗は、カウンターなしのボックス席中心の店が適している。

席数の問題は店の広さなどさまざまな要素によるが、そこにリニューアル成功のポイントがある。

ラーメン店リニューアルの好事例

古材をふんだんにもちいたレトロで温かみのある内外装が、昔懐かしいくつろいだ雰囲気をつくっている

⬆中華そば　櫓屋

04

焼肉店のリニューアル

●カウンター席を設ける

パシオがリニューアルして繁盛している焼肉店は数多いが、共通しているのはカウンター席を設けて1人客、2人客を取り込んでいることだ。

なぜならば、カウンター席はテーブル席に比べてスペース効率がよい。2人テーブルというのはなかなか作らないので、2人客が来るとどうしても4人席に案内することになり、2席ロスすることになるが、カウンター席ではそうしたロスがない。

1人で入るお客にとってもカウンター席がある店のほうが入りやすい。「1人焼肉」というと、なんとも寂しく聞こえる話だが、シングル化の進む現代では増えてゆくだろう。

●韓流ブームが残したもの

「冬のソナタ」が火付け役となって韓流ブームが話題になってから、随分とたった。ブームは過ぎてしまったが、いまだに手軽な海外旅行先として女性に一番人気なのが韓国だという。韓国のお洒落感は、特に若い女性を中心としてかなり定着している。

ひと昔前は、焼肉店に韓国風のイメージを織り込むと、エスニック料理と捉えられてしまうこともあったが、今ではそんなことはない。サワーやカクテルが焼肉店でも出るようになってきたのがよい証拠で、焼肉店のお洒落感、使われ方は変わってきている。

そうなると、女性も入りやすいお洒落な焼肉店というのが、リニューアルのポイントになってくる。

●個人店の勝機はお洒落さにあり

安さを売りに、安い肉を使って味付けに工夫を凝らして売ってゆく店となると、やはり大手チェーンの独壇場であろう。大手と競合しながら個人店が活路を見いだすには、ワンランク上の商品とお洒落な雰囲気を武器に勝負するのがよい。

さらに女性をターゲットにするなら、臭い・煙対策、トイレに予算をキチンと採ってしっかりとした店舗環境を創り上げてゆくことも大切だ。味以外の部分でも、女性は厳しい選別をしているのだ。

「1人焼肉客」のカウンターがある

シングル化が進む中、焼肉店でも「1人客用のカウンター席」が今後は欠かせない

⬆和牛炭火焼肉　味道苑

05

串焼き店のリニューアル

「シズル感」を演出することが、串焼き店の大切なリニューアルのポイントになる。「シズル感」とは臨場感といった意味で、串焼きが焼ける「ジュウジュウ」という音や、煙や匂いなどのことだ。

●シズル感のある店づくり

おいしそうな匂いほど、お客を集めるものはない。店の道路側に焼き台を設置し、道行く人から焼いているところが見え、テイクアウトもできる店は昔からあるスタイルだが、捨てたものではない。東京・板橋の「ハッピー屋台」は、こうした道行く人に対してシズル感が伝わる店にリニューアルして成功した。

●ネタケースで在庫管理

串焼き店で、カウンター上部にネタケースを設けてお客に焼くものを選んでもらうようにすると客単価が上がる。リニューアル時には、ネタケースを中心に見せる店を作ってゆくことになる。商品を見せることほど、注文につながる演出はない。当然、食べておいしい・見て楽しい商品作りがポイントになる。モモやレバーなどスタンダードな商品に交え、青唐辛子やトマトのベーコン巻きなど、カラフルな串も並べるのがコツだ。ネタケースがあると、串焼きの在庫が一目瞭然でわかるので、店側の管理も楽になる。

●スタイルを提案する店づくり

炭火串焼きの店は今や街に溢れかえっている。ひと昔前は炭火であることだけで差別化できたが、今ではそうはいかない。

炭火で焼くことの効果を否定しているのではないが、それ以上の来店動機をつくる必要がある。単なる「炭火串焼き」ではなく、たとえば「おろしニンニクで食べる、あっさり炭火串焼き」といった、食べ方の提案も含めたリニューアルが必要だ。

他にも、素材へのこだわりや、せせり・ネック・ちょうちんなど、普段あまり聞いたことのない稀少部位の提供なども必要になってくる。

店数の多い業種、業態での差別化には、さらなる専門性が求められる。

炭火焼の音と煙でシズル感をそそる

⬆ハッピー屋台

➡千寿ホルモン豚臓

06

中華料理店のリニューアル

中華料理店なら料理人が鍋を煽っている姿、立ち上る炎をお客にぜひとも見てもらいたい。そうしたことを意識して、最近では入り口付近にガラスで区切った厨房をレイアウトし、通路側に向かって調理のパフォーマンスを見せるリニューアルが多くなってきた。

●食べるのが中心なのか、飲むことも考えるのか

食べ物屋としての中華料理店にするのか？ それともお酒の割合を多くした中華居酒屋としてやってゆくのか？ リニューアルの際には、立地や客層、収益性などさまざまな要素を含めて検討する。

食べ物中心の店なら、赤を基調にした明るい店づくりが定番となる。一方、お酒のウエイトが高い店なら、少し落ち着いたトーンで統一し、お洒落な雰囲気の店に創ってゆく。

20坪くらいのスペースなら、ワイワイガヤガヤとひとつの空間で楽しい時間を過ごす、カジュアルな中華居酒屋に向いているだろう。広い店なら、部分的に個室に区切って円卓を置いて接待にも使える、本格的な中華を楽しめる店創りもできる。

●立地によって、どうリニューアルするかを見極める

バブルの時代、オフィス街では接待用の本格高級中華店がもてはやされた。今は、もっとカジュアルに、毎日でも使えて1人でも立ち寄れる中華料理店のニーズが高い。

東京・芝大門の「チャイナおかもと」は、和食店をリニューアルしてオフィス街にオープンした。中華をイメージさせる赤をアクセントにあしらいつつ、中国の古家具を置くなどして中華居酒屋としてのイメージを演出した。

住宅街では、カジュアルでありながらもプロの中華料理に対するファミリー需要が高い。千葉・千葉市の「チャイナ厨房　チンタンタン」は、本格中華を住宅街で提供して成功している店だが、内外装は中華の雷紋をあしらったような「いかにも中華」といった店ではなく、フレンチイタリアンな明るい雰囲気にしたことが繁盛の大きな要因になった。

雰囲気も重視した中華居酒屋

和食の店から、お酒の提供も意識して雰囲気を創り上げた中華居酒屋へとリニューアル。オフィス街立地店のため、個人店でありながらも、忘年会・歓送迎会などの集客も意識した宴会コースを盛り込み、しっかりとしたパンフレットも作成

⬅中華厨房　チャイナおかもと

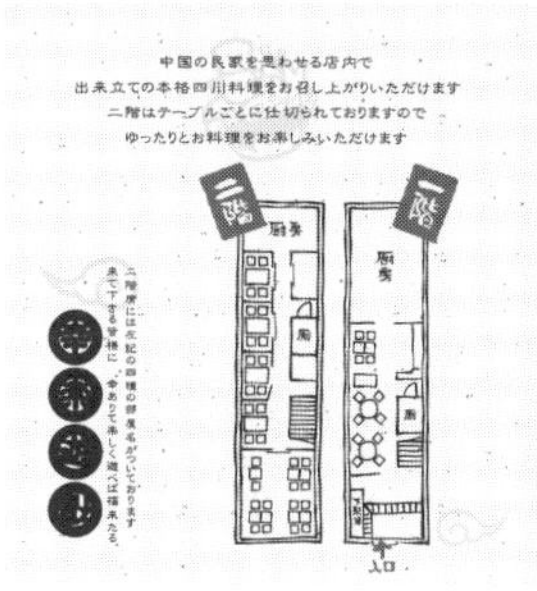

07 レストランのリニューアル

フレンチやイタリアンをリニューアルする時は「店の使われ方」を再検討することがポイントだ。日常と晴れの場の中間にある「小晴れの日利用」や「普段着感覚の贅沢」といった使われ方も想定してみよう。

●イタリアンは高級？

イタリアンレストランは「高級」というイメージがある。リストランテとつけば別だろうが、ピザやパスタをメインにするイタリアンであれば、カジュアルな感じでいいと思う。

たとえば、ベニア板の安価なテーブルでも、上にクロスをかけてしまえばわからない。テーブル本体にコストをかけるより、行事やイベントに合わせてテーブルクロスをこまめに変えて季節感を演出してゆくほうが効果的だ。イタリアという国の持っている、明るく陽気なイメージをもっと訴求して、来店頻度の高い身近な店へとリニューアルしてゆくことが繁盛につながる。

●フレンチはイメージをリニューアルさせる

バブルが崩壊した直後、高級イメージがイタリアン以上に強かったフレンチレストランは、途端にそっぽを向かれた。いまだにフレンチには、「堅苦しい」とか「入りにくい」といったイメージがついて回っている。高級イメージをアピールしたいのであればそれもいいが、もう少し「入りやすい」イメージが欲しい。

料理に関しても、イタリアンならトマトベースあり、クリームあり、スパイシーなニンニクや唐辛子ありと、味のバリエーションが豊富なイメージなのに、フレンチはどのソースもバターとクリームでくられていて単調だというイメージがある。

東京・恵比寿の「カジュアルフレンチ　ら・ぴえにゅ」が取り入れた「プリフィックスタイル」（フランス料理で安価なコースの意味。自分で選ぶ楽しみも加味されている）なら、気軽に楽しめるカジュアルな食堂（ビストロ）といったイメージで入りやすい。フランス料理だけの枠にこだわらずに、ランチにはパスタも出している。

元々料理性の高いフレンチのランチのシェフがメニュー幅を広げると、魅力が倍増する。

カジュアルな店にリニューアルする

緊張するなー！
カジュアルな食堂（ビストロ）のイメージ

自分のお店の立地や客層、自分がどんなお店をやりたいのかをよく考えるのは、どんな店をリニューアルする場合も基本となる。それでも、時代の流れをみると、レストランで繁盛している店はお洒落なセンスを残しながらもリーズナブルでカジュアルなレストランだ

08

カフェのリニューアル

スターバックスやタリーズコーヒーのような「カフェ」や「コーヒーショップ」大手チェーンが乱立してしのぎを削る今、個人店がチェーン店に勝つには「ストーリー性の高い店創り」がポイントになる。

●ここにしかない店になる

いかにして差別化された「独自のストーリー」を創れるかが、生き残りの鍵を握る。「ここにしかない店」になる必要があるのだ。

チェーン店ではなく個人店に来てくれるお客には、自分のライフスタイルへのこだわりがある。そのカフェに来ている自分を楽しんでいるのである。そうしたお客を集めるためには、ストーリー性の高い店創りが必要だ。「ちょっとレトロなアメリカでお茶してます」「京都の町家で、季節を感じながらまったりしてます」といったストーリーを創ってゆく。

東京・高田馬場の「Ben's Café」は「ニューヨークの街角でカフェラテを飲んでます」といった雰囲気づくりをしている。流れる音楽やインテリアはニューヨークスタイルで、外国人がノートパソコンを開いてコーヒーを飲む様子を見ると「ここはどこ?」という感覚になる。

●カフェ食堂、デリカフェ

ドリンク中心のカフェ業態にこだわらず、パスタやデリなどのフードメニューを提供する「カフェ食堂」という業態にリニューアルすることも、個人店がカフェ戦争で勝機をつかむひとつの方法だ。

カフェから、フードも提供してゆく「カフェ食堂」にリニューアルして成功した店が、東京・千駄ケ谷の「CAFÉ JAMAICA UDON」だ。ロサンゼルスのサンタモニカにあるデリカテッセンカフェのように、惣菜はショーケースに並んだ中からお客が選べる。夜は、ワインやカクテルなどのお酒も飲める。バーニャカウダーなどの名物メニューも生まれ、ほの暗い照明の洒落た雰囲気に包まれた「夜も使えるカフェ」として、大きく売上げを伸ばした。

カフェ経営の問題点である「客単価の低さ」を解決するひとつの方法だ。

ショップテーマとイベントで差別化を図る

ニューヨークの下町の小さなアート・カフェそのもの。
たとえばニューヨークにあるデリをそのまま日本に持ってきて「ほーらNYでしょ」と言われても「うん、そうですね」くらいにしか思えないが、Ben's Café は、NYのカフェや書店がやるような作家の自作朗読（ポエトリー・リーディング）を行ったり、東京在住の無名アーティストの作品を展示していたりと、〝本物〟を感じさせる

⬆ Ben's Café

09

そば・うどん店のリニューアル

パシオへリニューアルの相談に来る店で意外に多いのが「日本そば・うどん店」だ。相談に来た方が、開口一番口にするのが「昼はいいけど、夜がだめなんです」という言葉だ。この問題の原因は明確で、夜の店に必要な雰囲気がどの店にも足りないことにある。

●空腹満たしの店から、雰囲気楽しみの店へ

そば・うどん店は滞在時間が短い、昼の利用が主な「回転型の店」が多い。早くて、ボリュームがある店が選ばれる。店の雰囲気や接客は、二の次になってしまいがちだ。昼のサービスの最優先事項はスピードであり、時間が掛かる接客はお客の側が求めない。メニュー構成も、当然ながら「食事主体」になる。

ところが夜の営業では、まったく逆のことが求められる。昼は忙しいサラリーマンも、夜は雰囲気がよくて、ゆったりと食事できたり、お酒の飲める店を選ぶようになる。メニュー構成にしても、仕事帰りのお客にとっては、そばやうどんを食べる前にお酒に合わせる、軽いつまみが欲しくなる。

つまり「日本そば・うどん店」のリニューアルは、ゆったりできるスペースやお酒の飲みたくなる雰囲気を合わせ持つ、昼夜二つの顔に対応した店創りが求められるということだ。

●ライブ感溢れる店創り

昔から、そばやうどんの麺を打つさまを見せるパフォーマンスを売り物にする店がある。しかし考えてみると、麺を打つのはお客の来ない時間帯であり、お客が麺を打つ姿を目にすることは少ない。お客が目にするのは、粉が飛び散って汚れたままの部屋の様子だけ、となることが多い。

それなら、麺を茹でているところを見せたほうが効果的だ。客席に向かって竈を作り、羽釜から大きな網で熱々のうどんをすくい上げるという演出はお客の関心を集める。

たっぷりのお湯、強い火力で茹であげるうどんはたしかにおいしい。見せ場の演出だけでなく、商品力アップにもつながるリニューアルだ。

雰囲気を楽しめるうどん店

⬆細うどん　町家酒場　八風

香り高い土佐の笹目近節をベースにして鯖《さば》節、ウルメなど、通常の2、3倍の濃厚な出汁をとっているのが美味しさの秘密。工夫をこらした居酒屋メニューも充実している

10 テイクアウトおむすび店・惣菜店のリニューアル

ここ数年、〝中食《なかしょく》〟は外食の伸びを上回って成長している。おむすびや持ち帰り惣菜店は増え、競争が激しくなった。リニューアルに際しては「売り方」の工夫が求められている。

●イメージの方向性を定める

テイクアウト店のイメージは大きく2つに分けることができる。ひとつは懐かしさの演出である。田舎のおばあちゃんや農家の台所をイメージさせる方向。もうひとつの方向性は、清潔感溢れるシャープで都会的なデザインだ。

パシオでは、おむすび店の最大のライバル、コンビニとの差別化を意識し、前者の懐かしい演出をすることが多い。東京・練馬の「おにぎり　小島米店」も、そうした懐かしいイメージでデザインした店だ。たった5坪の小さなスペースに毎日400人以上が来店し、売上げが1日20万円を切ることがない。

●おむすび店は店舗レイアウトに工夫を

リニューアルするにあたっては、お客にその場所で作っている店であることをアピールするとともに、少ない人数で店を回してゆく工夫が必要になる。そのためには、陳列ケースの前に立つスタッフと、作業台に立っておむすびを握るスタッフが、両者ともお客に向かって対応できるようにレイアウトしておく。おむすび店では、混み合う時間とアイドルタイムの差が顕著に表れる。忙しい時には数人ですばやく対応できるようにし、暇な時間帯は1人でも店が回せるようにレイアウトすることがリニューアルのポイントになる。

●温かさを売る陳列が、惣菜店には必要

惣菜店では、無機質なアルミ製のバットに商品を盛り、スーパーでよく見かける普通のショーケースに入れて売っている店が多い。そこで、一枚板を用いた陳列台の上、質感のある陶器の皿に商品を盛りつけ、木札の価格表示をつけるなどして、手作り感、温かさ、懐かしさ、おいしさを訴求することも、リニューアルのポイントになる。チェーン惣菜店の安さに対抗するため、個人店の店創りにはなんらかの差別化が必要だ。

懐かしい手作りイメージのあるお店

西武池袋線と地下鉄大江戸線練馬駅際の店前は通行量も多い。両駅の乗降客数をあわせると1日11万人程度ある。

⬇おにぎり　小島米店

Column

雰意（囲）気の話

夜の営業がメインの飲食店が繁盛するには、特に「雰囲気」が大きく関係している。昼の空腹を満たすことを主な目的とする店とは異なり、夜の店には快適な空間や楽しさが求められている。パシオが店をリニューアルして成功しているのは、「雰囲気を変えること、創りあげることに成功しているから」といっても過言ではない。

それでは、雰囲気はどうやって創ることができるのだろうか？　雰囲気を構成している大きな要素は主に内外装だろう。無機質なプラスチックの板と木の香り漂う天然木材、ビニールクロスが貼られた壁と質感あふれる土の塗り壁、どちらが人の心を惹きつけ安らぎを与える素材なのかは言うまでもない。

だとしたら、それらの自然なマテリアルを上手に組み合わせて創り上げた空間は、人を惹き付けるものとなるはずだ。パシオの創りあげる飲食店の多くが、木や土をふんだんに用いて工事をした「ネイチャー志向」な内外装である理由はそこにある。

もうひとつ、雰囲気を創り上げる大きな要素は、なんといっても「人」にある。私は「雰囲気」の「囲」を、意識の「意」と置き換えて「雰意気」と表現して使うことがあるが、働く人の意識が店の雰囲気を創り上げている。

お客は夜型の店に楽しさや喜びを求めてくる。それを一番演出できるのは、店で働く「人」なのである。

8章

立地・物件別リニューアルのポイント

01 繁華街立地店のリニューアル

店前交通量が多く賑わいのある繁華街でのリニューアルでは、フリー客に対して「目立つこと」が重要なポイントになる。周りの街並みとのコントラストを意識して外観を変える。周りがネオンや電飾看板などで派手なら落ち着いた感じに、周りが落ち着いているなら派手な感じに、といった具合に目立つ外観にリニューアルする。

●繁華街は競争が激しい

繁華街は飲食店がひしめき合って鎬《しのぎ》を削る、競争の激しい場所である。個人経営の小さな店がそんな中で勝ち残るには、コンセプトとターゲットを細分化して絞り込み、特定の分野で一番店となる必要がある。自分の店がうまくいっていない時は、他店のよいところばかりが目につく。そうした状況でリニューアルをすると、得てして「あれもこれも取り入れて」と思いがちだが、逆に絞り込んで「うちの店は、料理もお酒もこれしかありません」といった専門色の強い店にしたほうがよい。

●不特定多数をターゲットに

ふつう、席数の多い大きな店の場合は、若い客も女性客も年配客も幅広く取り込んでゆく店創りになる。さまざまな客層の人を集めるというのは、ボリュームのある繁華街立地だからこそできる醍醐味だ。

しかし、得てしてそうしたコンセプトで店を創ってゆくと、大手のチェーン店とあまり差がない店ができ上がってくる。大手のチェーンと同じ土俵に乗ってしまうと、価格競争力で勝てない。客数にボリュームがある街なら、個人経営の大きな店でもターゲットを絞り込んでゆくリニューアルが有効だろう。

一方、1日の乗降客数の少ないローカル駅周辺の繁華街では、広い客層を取り込んでゆくリニューアルが繁盛のポイントになる。なぜなら、大手のチェーンの店はそういった小さな駅には出店してこないからだ。この場合は、若い客も女性客も年配客も幅広く利用できる店創りとなる。

限られたマーケットでは、さまざまな客層、利用目的に応える店創りが必要だ。

魅力ある専門店となって大手と差別化

02

オフィス街立地店のリニューアル

オフィス街立地で繁盛するには、商圏の会社で働く人たちに、週に何回も利用してもらえる店創りが求められる。来店頻度の高い店創りだ。

なぜなら、オフィス街立地では毎日決まった一定の人が乗り降りしているからだ。

●「何を残し、何を変えるのか」を見極める

一定の人たちの利用で店を繁盛させる必要のあるオフィス街立地では、リニューアル後も今までと同じお客に来てもらう必要がある。そうなると、「何を残して」「何を変えてゆく」のかをハッキリと見極めてから、リニューアルのスタートラインに立つことが大切だ。

年配客から若いＯＬにメインターゲットを変えるにしても、今まで来ていた年配客の来店理由をしっかり抑えておく必要がある。できれば、今まで来てくれていた客層にも利用して欲しい。

この「残すべき点」「変えてゆく点」を誤ると、結局客層を入れ替えただけで来店客数の増加につながらないリニューアルになる。

●昼の売上げも見込んだ〝二毛作〟が必要

オフィス街立地の弱点は、会社が休みになる土日の集客が見込めないところにある。月20日間営業で売上げを立てなければならない。つまり30日営業可能な立地に対して、２／３の営業日数しか見込めないことになる。

そこで、オフィス街立地では、平日のランチで売上げを確保することになる。居酒屋であったとしても、ランチにも対応できる〝二毛作〟の店にリニューアルしてゆくことが多い。

店の周りにあるコンビニを視察して欲しい。弁当コーナーが広くとられているなら、ランチ需要の強い地域であることを示している。ランチ営業の勝算は大いにあるといえる。

オフィス街立地で土曜日に営業する場合もあるが、土日型の商業施設があるとか駅前であるとかの特別な条件がない限り、平日と比べると20～30％の売上げの場合が多い。それなら、わざわざ店を開けていても赤字なので、結局休みにすることになる。

ランチ営業のできる店

もつ煮込み
お新香
本日のランチメニュー
●焼き魚
●豚の角煮定食
●刺身定食
●アジフライ定食
やきとり
もろきゅう

03 住宅街立地店のリニューアル

住宅街のリニューアルでは、臭いや煙・音といった周囲の環境への配慮が必要だ。

周辺住民は大切な見込み客である。味方につけるか敵に回すかというのは店の存亡に関わる。できればリニューアルをきっかけに、今まで顧客になっていなかった方も取り込みたい。ある漫画家が自宅を建て替えようとしたが、周囲の景観を損なうことが問題となった。広い範囲の不特定多数がお客の商売では近所との関係もそれほど気にしないが、飲食店の場合はそうはいかない。リニューアルによって、近隣の方に求められている店、喜ばれる店を目指したいものである。

●「小晴れの場」が求められる

住宅街は平日の昼間に人が少なく、週末に需要が見込める立地である。土日利用がメインとなると「小晴れの場」として利用される店にリニューアルする必要がある。「小晴れの場」だからといって、派手な店にするわけではない。周りの景観とマッチしていながらひときわ関心を引く、センスのよい、一度は入ってみたい素敵なお店創りを心がけてゆく。そこに住む人たちの、土曜・日曜に対応した、個性的な店が求められる。

年配の方が多い場所なら、量は少なめで野菜や魚を中心にしたメニュー構成にしたり、一人暮らしの若者が多いのなら、量が多くて値段は手頃な価格帯の肉中心の店にしたりする。週末の利用の「小晴れの場」として住宅街立地をみると、そこで成功するための店創りのポイントがいくつもみえてくる。

●平日「昼」の営業をどうするかを考える

リニューアルを機に、平日「昼」の営業をどうするかを考える必要がある。平日は仕事に行っているので、住宅街にいる人は限られている。スーパーマーケットなどがあり主婦が多い場所なら、女性が喜ぶ雰囲気やメニューを充実させる必要がある。個人経営の商店が多いのなら、商店主やそこで働く人たちの昼の需要を満たす店創りが求められる。地域に暮らす人の生活パターンに合わせた店創りをしてゆくことが、住宅街立地で成功するリニューアルのポイントだろう。

オーナーの個性が繁盛を呼ぶ

駅からメインのバス通りを数分歩き、住宅街におれた路地裏にある。オーナーの沖縄へのこだわりが「石垣カレー」などの人気商品を生み出している。こだわりのあるインテリアと海のイメージが、オーナーの魅力を伝えている

←欧風カレー　Y‘S　Café

04 学生街立地店のリニューアル

東京・高田馬場で学生をターゲットに繁盛している居酒屋「diner 丸八」は、リニューアルを頻繁に繰り返して繁盛している店だ。

あるときは入口に「猿の惑星」の等身大の人形が置かれていたり、あるときは店全体がまばゆいイルミネーションに包まれたりしていて、いつも何かが変化している。これらはどれも学生にターゲットを絞り込んだ、遊び心の演出だ。ボリュームやセンスのよさもさることながら、学生街立地でリニューアルするなら、遊び心のある店創りができるかどうかがポイントになる。オーナーや働く人の自由度が大きく、弄りやすい店は繁盛する。

●学生街ではボリュームがポイント

特別に恵まれた人は別にして、一般の学生は私たちが考えているよりもお金を持っていない。学生街の飲食店に、安さとボリューム・バリュー感は欠かせない。高田馬場の「つけ麺屋やすべえ」は、開店当初は並盛り（220g）だけを680円で提供し、大盛りはプラス100円の別料金にしていたが、大盛り（440g）も680円で提供するようになってから、毎日行列ができる店へとブレイクした。学生街で行列を作るには、ボリュームと価格のバランスが勝利の方程式になる。

●あえて別の客層を狙う

学生街にあっても、あえて学生をターゲットから外し他店と同じ客層で競い合うことを避けることもある。

学校には、年配の先生や職員の方が勤務している。学生街といっても、一般の会社もあるはずだ。学生街のボリュームゾーンである学生をあえてターゲットから外し、別の客層を狙ってゆく。

学生街にあっても、おいしいものを落ち着いた雰囲気の中で提供する、大人向けの店があってもよい。プロのピアニストの方が、東京・早稲田で独立開業した居酒屋も、開店当初の学生中心から、年配男性客にターゲットを替えて成功した。「逆張り」のターゲット設定も、ときには必要だ。逆張りしたターゲットの店としてNO.1になれる確率は高い。

遊び心をくすぐるお店

店頭の猿の惑星の像が道行く人の視線を集める。「なんだろう?」という好奇心をくすぐる。超レアから激安までお酒の品揃えも豊富で、名物「コロコロくじ」などイベント性もあり遊び心満点

05 ロードサイド立地店のリニューアル

ロードサイド立地店の場合は、看板が目立つことがリニューアルのポイントになる。しかし、いくら看板を大きくするにも限界がある。そこで、店全体を看板と考えてデザインすることが成功のポイントになる。

たとえば、大手チェーンのリンガーハットの建物。リンガーハット（Ringer Hut）のリンガーは、「フレデリック リンガー」という英国商人の名前にあやかったものだそうだ。長崎にはグラバー邸とともに、リンガーさんの邸宅「リンガー邸」がある。「長崎ちゃんぽん」という長崎の郷土料理を販売するにあたり、郷土にちなんだこの大商人の名前をつけ、小屋とか小さな家という意味でハットという言葉を付け足し「リンガーさんの小さな家」いう意味の店名にした。店舗も「とがった屋根の黄色い建物」がデザインされていて、ひと目でわかりやすい。

個人店でも記憶に残るインパクトのある外観を創り上げることが、ロードサイド立地でのリニューアルのポイントになる。

●ロードサイドは大手の独壇場？

片側2車線、3車線もあるような大きな国道沿いの店舗となると、何十台もの駐車スペースのある広い店が有利だ。こうした広い面積が必要な場所は、大手チェーンに向いている。個人店で勝機を見出すなら、片側1車線の道がよい。

女性客を取り込むことを考えるなら、停められる台数が減るとしても1台あたりの駐車スペースを広めにとる。車の入れやすい店が、女性客の集客のポイントだ。

●飲酒運転禁止

道交法が改正され、飲酒運転の罰則がさらに強化されて、ますますロードサイドの店では「食」に重きが置かれるようになってきた。お酒中心であった店が「脱居酒屋」をテーマにリニューアルを図っている。串焼居酒屋が、「串焼きと釜飯」の店になったり、完全な「食べ物屋」に変わったりしている。飲酒運転禁止への取り組みが、ロードサイド飲食店のリニューアルの鍵を握っていることを肝に銘じる必要がある。

駐車場の広さとアプローチを考える

100 種類を超える地焼酎と旬の魚が味わえるろばた炭火串焼店。ロードサイド店の場合、駐車場の確保が集客の大きなポイント。一般道からの入りやすさ、女性も駐車しやすい広めのスペースどりなどの配慮が払われている

⬆ろばた炭火串焼　炭たか炭

06 路地裏立地店のリニューアル

東京・北千住の「千寿籠太」は、来店客以外の店前交通量が1日100人にも満たない路地裏店である。

リニューアル時に「千寿籠太」で最初に考えたのは、人が歩いていないのだから、外観をアピールしたり看板を表示しても意味がないということだった。そうなると、路地裏の店にどうすれば人が来るようになるかを考えなければならない。インターネットやフリーペーパーで告知してゆくことを、集客方法の柱にした。外観は「籠太」のシンボルマークをぽつんと表示した袖看板だけにして、入り口を「にじり口」にしてよりわかりにくくし、隠れ家としての演出を強化したところ、リニューアル前と比べ売上げが倍増した。

●サプライズを与えるリニューアル

路地裏立地最大の武器をあげるなら、それはワクワク感であろう。「こんな所に、こんな店が！」という驚きを、いかに演出するかが繁盛リニューアルのポイントになる。業種・業態によって、強調すべきイメージは違ってくる。賑わいであったり、異国情緒であったり、おいしさであったり、イメージの切り口は店によって異なる。それでも「店がない場所にぽつんと、好奇心をそそる灯りがついている。なんだろうと近づくと、こんな所にこんな店があるんだ！」という、驚きのストーリーこそが路地裏で成功するリニューアルの秘訣である。

●路地裏繁盛の要素を見直す

なぜ路地裏で商売を始めたのか、原点に戻ってみることが大切だ。開業資金がなかったので、よい場所で開業できなかったのだろうか？　そうした場所でも商売してこられたのは、当たり前でない料理とサービスがあったからこそではないだろうか？　工夫や独自性を活かして、路地裏という二等立地でもやってこられたのではないだろうか？　さらに場所の悪さが興味をひいて、口コミが広がったことで悪立地でもやってこられたのかもしれない。

リニューアルに際して、路地裏の強みを見直して、その長所をいっそう伸ばしてゆく方向でリニューアルをかけてゆけばよい。

サプライズを与える路地裏店

⬆千寿籠太

ＪＲ北千住駅近くにあるものの、賑やかな商店街からは道一本はずれた路地裏にある。黒い板に囲まれて「なんだろう?」「何屋?」「どこが入口?」と道行く人の関心を集める。入り口はわざと低い潜り戸になっていて大人の隠れ家的なイメージを演出している

07 地下店舗のリニューアル

地下の店舗は「外観がない、中が見えない」ところが弱点だ。それならば、1階入り口の演出でその弱点を補えばいい。1階の入り口周りにどれだけの演出が施せるのかが、リニューアルのポイントになる。

店内のわかる写真やイラストを、階段降り口付近に表示するのもひとつの方法だ。シャレた器に、店内写真入りパンフレットを置くのもいい。

1階から覗いて見える、階段付近も大きな演出ポイントだ。階段を降りてみたくなる、吸い込まれるような、興味をかき立てるワクワクする景色がそこになければならない。

●地下店舗は異空間への入り口を演出する

リニューアルに際して、まず地下であることをプラスにもってゆく演出を考える。地下店舗は中が見えない分、「何があるのだろう」と期待させる。階段を下りてゆく時間を、現実世界と異空間へのアプローチとして捉えよう。一歩一歩階段を降りる度に、日常から非日常へと足を踏み入れてゆく、そんな感じだ。小さな一階店舗では、そんな異空間への入り口の演出がやりにくい。

地下店舗のリニューアルには、業種・業態を連想させ「入ってみたくなる」デザインやアイデアが高いレベルで求められる。

●地下店舗は設備費が割高になる

地下の店をリニューアルすると、1階の店舗に比べて設備工事費が割高になる。たとえば給排気にしても、1階や2階なら壁に穴を開けるだけで、空気を出し入れするスペースを確保できる。しかし、地下の場合は外との距離があるので、そう簡単にはいかない。

地上店舗以上に、臭いや湿気・カビの対策も必要で、当然そこには費用がかかる。古い建物のリニューアルに際しては、天井や壁からの水漏れなどの問題も要チェックだ。

それでも地下の物件を選ぶ人がいるのは、立地に魅力がある場合だ。1階に比べ家賃が割安ということもあるだろう。また、バーなどで穴蔵のような演出で仕掛けてゆくには、地下の物件が向いているということもある。

入り口の演出が異空間にいざなう

←炉端ぐりる　串 Bay's 町田店

08

2階店舗のリニューアル

外を通る人から2階店舗の外壁が見える店なら、その部分に集中してリニューアルを仕掛けてゆく。角地の2階なら少し離れた所から、ときには1階店舗より外観が見やすい。看板に書かれた店名やショルダーネームの表記、外壁の素材や色・デザインがリニューアルのポイントになる。

角地でなくても、店前に立った時、2階までなら目線を少し上げれば見えてくるはずだ。そこから見える店の表示が、集客の鍵になる。

●専用階段なら、そこに集中する

地下店舗と同様に1階の演出も大切だが、3階、4階と上階のテナントとの共同階段の場合が多く、独自の演出をさせてもらえない場合が多い。

専用階段なら最優先にそこを演出してゆく。地下店舗の場合と同じで、今度は階段を上がりながら一歩一歩期待が膨らむ、そんな演出を仕掛けてゆく。階段の壁にメニューを表示したり、店内写真を飾ったりと演出の方法はいくつも考えられる。

リニューアルに際し、2階へ直接あがれる階段を、200万円掛けて新規に造ったこともある。集客を考えると、それほど共同階段と専用階段の違いは大きい。

●2階物件は食べ物屋向き

地下の店舗がバーなど、隠れ家の演出に向いているのに対し、2階の店舗はレストランや料理店など「食事メインの店」に向いている。

リニューアルする時は、開放的な明るい感じの店創りをしてゆく。特に、窓越しに見える風景は重要だ。木の緑や、素敵な建物などが見えるのなら、その見え方を最優先に考える。気候のいい時期には、その窓を開放してもいい。

逆に、窓越しに見えるものが雰囲気作りにマイナスなら、見えないように塞いでしまう。ただ、空気の入れ替え用の換気口としての窓は残したほうがいいので、和風の店なら「よしずのスダレ」で目線を区切ったり、洋風の店なら図柄がプリントされた「スクリーンカーテン」を取り付けて演出する。

外を通る人から見える2階店舗

2階へあがると落ち着いた雰囲気の中、静かにジャズが流れる。壁一面に日本酒の瓶がディスプレイされている。上品な味のおでんを提供する、なかでもトマトやブロッコリーなど野菜をつかったヘルシーなおでんはしばしばメディアにとりあげられている。店名の「あがれや」はもちろん、2階の店舗への導入も意識してつけられたネーミング

➡日本酒とおでん　あがれや

09

空中階店舗のリニューアル

3階以上の店舗を空中階と呼ぶ。個人店が空中階で店を開いている場合は少ない。空中階の店は、大手チェーンの場合がほとんどだ。ビルに入り、エレベーターで上ってゆくとなると、そこまでは非日常感の演出ができない。そうなると、エレベーターを降り店の入り口付近、入ってからの玄関付近が勝負となる。すると、スペースの小さい個人店の場合は不利となる。

●物件より立地が重要

物件は可能なら1階がベストだ。しかし、飲食店「繁盛の鉄則」からすると、問われているのは物件より立地である。5階だろうが10階だろうが、駅前ならよしとするのが大手チェーンの基本戦略である。

大手チェーン居酒屋は、ほとんどが駅前にあるが空中階店舗の場合が多い。これは、広いスペースが必要な大手チェーン居酒屋の場合、1階店舗だと家賃が高いからという問題もあるだろうが、何階にあるかということよりも、駅前の好立地にあることを優先していることの証だ。

●看板スペースが確保できるかどうか？

大手チェーンの場合はディスカウントという武器がある。その武器を背景に、個室であったり、宴会席であったりとさまざまな利用に対応していることを、大きな看板で訴求して階上にお客を引き入れる。時には、カラオケであったり食べ放題であったりと、飲食にプラスしてアミューズメント性を持たせたりする。

人は高いところに登ると高揚する。見晴らしのよい、周りの景色や夜景が売り物になる。

このことは、個人店のリニューアルの場合でも同じだ。空中階店舗であることのメリットを最大限に生かすリニューアルが求められる。

外が見えない状況なら、隠れ家のような演出もひとつの方法だ。

どうせ通行人からの視認性を確保できないのであれば、広告はインターネットやフリーペーパーに絞り込み、わざわざ来た人が驚きを感じる演出を心掛けたい。

大手が鎬を削る駅前空中階

窓から見える眺望は、空中階店舗の大きな魅力。窓の外に向かって座るカウンター席のレイアウトなど要所を活かしたレイアウトのお店を作る。空中階の店舗は、大きな看板で上階へと誘導することも必須。視認性などを考慮した個性的で大胆なレイアウトやシンボルマーク、ロゴタイプで魅力を出す

10

商業施設内店舗のリニューアル

商業施設では消防法の規制が厳しく、木などの燃えやすい材料を使いづらい。だからこそ、そうした基準をクリアしながら、自然の温もりが伝わる店にリニューアルすることが、無機質な商業施設の空間にあって大切なポイントになる。商業施設内で木や和紙などの自然素材を多用した店にリニューアルすると、ひときわ目立つ。

●商品写真か食品サンプルかを使い分ける

商業施設のメリットは、ビル自体に集客力があり、不特定多数の来店が望めることにある。そうした、初めてのお客に来店を促すには、わかりやすく店の商品情報を伝える必要がある。そのために、店頭に蝋《ろう》で作った商品サンプルをディスプレイする場合が多い。メニューを視覚的にストレートに伝えることができるので入りやすくなる。多品目が並ぶレストランや料理店なら、蝋細工の商品サンプルが効果的である。

かたや、ラーメン専門店など単品メニューをおいしく見せるなら写真のほうが効果的だ。居酒屋などで、お酒を飲む雰囲気重視の店なら、蝋細工や写真は避け黒板へのメニュー表にしたり、おすすめ品に関しては、現物をサンプルとして店頭に並べたりもする。初めて施設に来たお客にいかに店に入ってもらうか、わかりやすいメニュー表示がリニューアルのポイントになる。

●商業施設の善し悪し

商業施設で店を開けば繁盛すると考える人もいるが、個人店が商業施設で店を開くのはまず難しい。最近は、街場の一店舗だけの繁盛店が商業施設の差別化のために誘致される場合もあるが、極めて希な例だ。

商業施設は、施設自体の集客力がテナントの収益に大きく関係してくる。以前、京都の駅ビルにあるラーメン店をプロデュースしたが、そこは今も行列がとぎれることがない。

ラーメン店が集まる商業施設だから集客力があるのではなく、そこに「場力」があるから繁盛しているのだ。雨後の筍のようにできた全国のラーメンテーマパークの中には、閉めてしまうところも多い。

自然のぬくもりが伝わるデザイン

⬆炭火串焼き手仕しごと和食　鮒忠

⬅和風ラーメン
甘味・うまい酒
ほおずきや

和紙や木などの燃えやすい材料を使うことに制約が多い商業施設内の店舗で、デザインされた手書き文字の看板は温かさや懐かしさを伝える

Column

成功する繁盛立地のみつけ方
――「場力」がポイント

店舗コンセプトが明確になって初めて、その場所がその店にとってよい場所かどうか判断できる。

フリー客が来るような場所をあえて避けて、わかりにくい場所を選ぶ場合がある。わざわざ自分の店を目当てにくる人をターゲットにした場所選びだ。お客が店を見つけたときの感動が増し、店に入ったときの演出が人の心をいっそう引きつける。そうした隠れ家的な店を出す場合は、駅前の人通りの多い場所はよい場所とはいえない。

客単価の低い、毎日何百人もの客数が必要なラーメン店なら店前交通量が重要だが、客単価の高い和食店などは人通りのまばらな路地裏にあるほうが魅力的だ。それでも多くのオーナーは場所の善し悪しを、家賃や駅からの距離、店前交通量などの一般的な情報だけで判断してしまう。

掌の上に手帳をおいて「この手帳は高いところにある？」と尋ねるとする。たしかに地面からすると手帳は高い場所にあるが、天井からみれば低いところにある。つまり明確な基準がなければ、高いか低いかを判断することはできない。

立地の善し悪しも同様で、どんな店をやりたいのかという、明確な基準（店舗コンセプト）を決めてからでなければ判断できないはずだ。

そのような、店舗コンセプトを基準とした立地・物件の善し悪しを、パシオでは「場力」という造語を使って説明している。「場力があるか？ないか？」と言ったら、「あなたがやろうとしている店に、この立地や物件は適しているかどうか？」といった意味になる。

9章

使える！役立つ！リニューアルの具体例

01

右脳と左脳への訴求が成功の鍵

一般に広く浸透している俗説に「脳機能局在論」がある。そこでは人の右脳と左脳の機能の違いが論じられているが、脳の右側が映像、音声、イメージといった芸術的創造性を担う部分で、脳の左側が言語や論理的思考の中枢といわれている。芸術家肌は右脳型、理屈っぽい人は左脳型といった具合で表現される。

●まず右脳に訴求する

リニューアルに関して外観の重要性を何度も語ってきた。外観が入りやすい店、入ってみたいと思わせる店にする必要がある。外観を見て「楽しそう、面白そう、ワクワクする」といった右脳で感じる部分が来店動機をつくり上げる。右脳に訴求する感覚的な部分の善し悪しは言葉に置き換えることが難しい。

四角い形は固く、丸い形は柔らかいイメージを人に与える。青い色は爽やかで、赤い色は温かいイメージを人に与える。基本的なものは判断しやすいが、現実の世界ではそれらが複雑に絡み合っている。

よく行うのは、お客に店の前に立って、目を閉じて10数えてもらうことだ。その後、目をぱっと見開いた瞬間に「店の感じはどうだった?」と尋ねてみる。先入観のない人が瞬間に感じとるイメージは、まさに右脳の働きだ。その時感じた「面白そう」「汚い」といったキーワードを手がかりにイメージのよいところを伸ばして悪いところをなくしてゆくようにリニューアルする。

●左脳が判断を下してゆく

右脳だけで物事が決まるわけではない。しばらくすると左脳も機能し「この店の値段はいくらだろう?」「どんなメニューがあるのだろう?」「店内はどれくらいの広さなのだろう?」といった論理的な部分の確認を始める。左脳に訴求するには、そうした情報を店頭でうまく伝えられるように、看板などを活用してゆくことが必要だ。

店から発信する情報と、お客の欲求がオーバーラップする部分が多いほど、店に入りたくなる。

右脳と左脳にバランスよく訴求することが、成功するリニューアルにとってのポイントになる。

右脳と左脳のしくみ

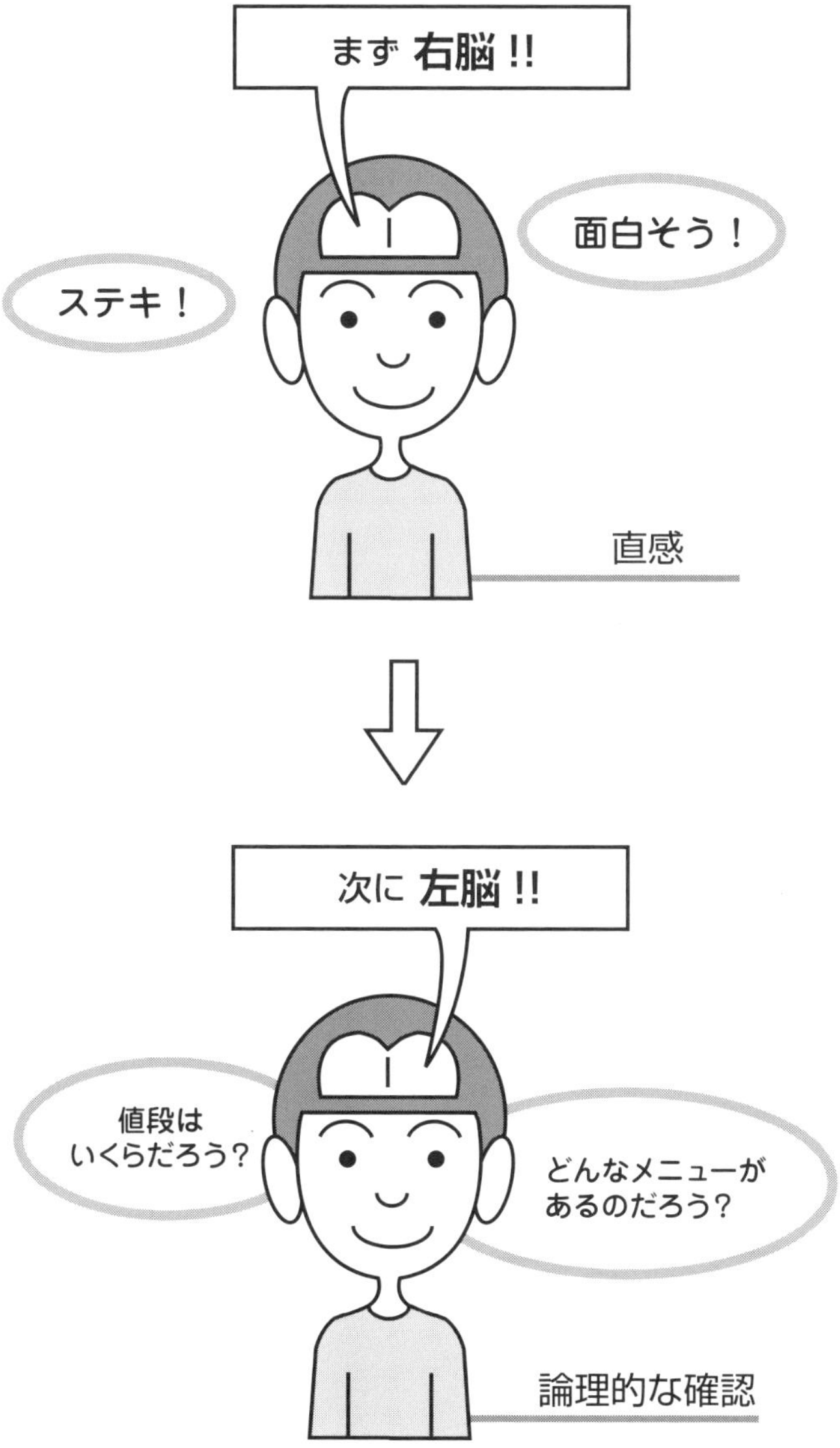
まず 右脳!!
面白そう!
ステキ!
直感
次に 左脳!!
値段は
いくらだろう?
どんなメニューが
あるのだろう?
論理的な確認

02 エントランス（入り口付近）を変えてお客を選別する

●ターゲットに合わせて看板を作る

たとえば居酒屋で年配者に来て欲しい店ならば、時代遅れと捉えられがちな赤提灯や縄のれんを入り口につけ、昔の風情を演出し年配者が入ってきやすいエントランスにすると、お客を選別できる。

女性客をターゲットにしたいなら、温かで可愛らしい演出をしてゆく。

パシオでは手書きの文字を使ったロゴタイプで看板を作る場合が多いが、温かさや可愛らしさを出すのに手書きの文字がやりやすいからだ。コンピューターの文字のような、画一化されたシャープな文字を使うのとは異なり、人の心を引きつける。

反対に、カッコいい店創りを狙うなら、看板に使う素材も、鉄やステンレスなどの金属素材や大理石などの石の素材がお勧めだ。それらは、クールなイメージとともに、カッコイイ印象を与えるものとなる。今度は、文字も既製のフォントを使ったシャープなものが合ってくる。

●ファミレスの逆張りで勝負する

大手のファミレスを見ると、「誰でもお越しください」という当たり障りのないニュートラルなエントランスになっている。店の入り口で店内すべてを見渡せて、どの店に行っても大差がないので安心感がある。ある日突然、店の中身がすかいらーくからロイヤルホストに変わっていても、違和感なく通用してしまうかもしれない。

個人店が勝機をつかむなら、エントランスには「貴方だけに入って来て欲しい」とターゲットを絞り込んだ演出が欲しい。

カップル狙いなら、入り口をわざと入りにくい高さの「にじり口」にしたり、重い骨董品の「蔵戸」にしたりして、異空間への入り口を演出する。

あるラーメン店では、営業中の表示を、牛骨をぶら下げるだけにして、中がまったく見えないようになっている。「うちの店のファンだけが来てくれ」という、エントランスでの強烈な意志表示なのだろう。

手書き文字の看板

「営業中」を示す木札にもひと工夫。そのちょっとした差が大差を生む

ラーメン店の雰囲気に手書きの文字と木札はよく似合う

03

照明は魔法のように店の雰囲気を変える

最も簡単な、しかし劇的なリニューアル法が、照明を変えることだ。こうこうと明るかった客席の照明を全部消し、真っ暗な店内のテーブルの上に、ぽつんとキャンドルの炎を灯したら、店の雰囲気が一変する。大人のムードが醸し出され洒落た雰囲気に包まれる。ここまでしないにしても、店のムードを変える時、照明ほど効果的なものはない。照明の演出ひとつで、空間に表情をつけることができる。

●雰囲気を楽しむ店の照明は暗く

複雑なデザインや凝った施工をしなくても、店内全体を暗くすればイメージチェンジはやりやすい。リニューアル工事費を安く抑えられるし、大切な見せるポイントに集中できるので、店内を暗くするというのはコストパフォーマンスが高い。

今は、照明器具も多種多様になってきているので、どんな照明器具を選ぶかも大切なポイントだ。傘だけ手作りの照明を作り、デザイン性をより高めることをパシオではよく行っている。

既製品のペンダント照明に、和紙を巻いた傘をつけるだけでも手作り感が出せる。工事現場で使われている裸電球に傘をつけただけの照明器具をつけると、大衆的なイメージや倉庫のような演出ができる。大正時代の骨董品ランプをぶら下げるだけで、時代感はぐっと増す。照明ひとつでも、店のイメージを変えることができる。

●照明はデザイナーがコントロールする

毎日店にいて慣れてしまうと、よほどの問題がない限り店の照明をリニューアルしようというところまで気が回らないものだ。最初から店内全体が明るい店なら、なおさら照明の演出にまでいきつかない。

照明をリニューアルしたいので「電気屋さんにお願いしたが、どうも思ったようなイメージにならなかった」というケースが多い。照明を演出として考えるなら、それは電気屋さんの仕事でも大工さんの仕事でもなく、デザイナーの仕事だ。実際に施工するのは電気屋さんかもしれないが、照明を変え演出したいなら、きちんとデザイナーに相談する必要がある。

店のイメージにあった照明

東京･九段北の「Latin Izakaya　Rodoriguez」のシンボル的なグラスをあしらった照明はお洒落感と強いインパクトを与えて店のイメージの要となっている

東京･大山の「ハッピー屋台」ではディスプレイされた酒瓶に間接照明があてられて絶妙の空間演出がなされている

和風の照明器具は温かさと癒しを与えてくれる

04

座席数を変えると、曜日別の客数がまったく変わる

オフィス街では特に、週初めは来店客数が少なく、金曜日は激混みする。そうした状況の背景には、これまでの飲食店では4人席やそれ以上の席を多く作って、グループ客や宴会客に対応できるようにするという考え方が、座席レイアウトの根底にあったためだと思う。

●世帯あたりの人数が少なくなった

オフィス街の特徴として、週初めは集客が弱いと諦められていた。ところが、席数の取り方を変え少人数客が入りやすいようにすると、週の前半でも集客することができるようになる。

昨今のシングル世帯の増加といった社会的な背景を考えると、平日の外食頻度が落ちているわけではない。週の前半は、1人でも入りやすいカウンターのある店や、2人席でプライベートな空間が確保されている店のほうが行きやすい。極論すると、月曜日・火曜日の週初めは、4人席テーブルの多い店よりも、カウンター席、2人席の多い店にお客は集まるということになる。オフィス街のラーメン居酒屋や立ち飲み屋などは、週初めに客数が落ちることはあまりない。短い時間で飲み食いできる店が少ないので、そういった店に集中するのだろう。週初めにオフィス街を夜7時頃覗きにいくと、テーブルに座る店はガラガラなのに立ち飲みの店は満杯といった状況に出くわす。店そのものの魅力や客単価の違いなどといった理由ももちろんあると思うが、1人客、2人客が入りやすい店が、世帯当たりの人数との関係から求められているのだと思う。

●フレキシブルなレイアウトが求められている

週の初めは少人数客に対応し、週末は大人数客に対応するようにテーブルのレイアウトを変更できるようにリニューアルするのはひとつの方法だ。同時にお客は、プライベートな個室空間も望んでいる、ということを抑えておかなければならない。

この矛盾する要求を解決して、大きく売上げを伸ばしたのが、東京・北千住の「千寿籠太」だ。可動式の襖で4人席〜40人席まで、自由にレイアウトできるようにしてある。

世帯あたりの人数

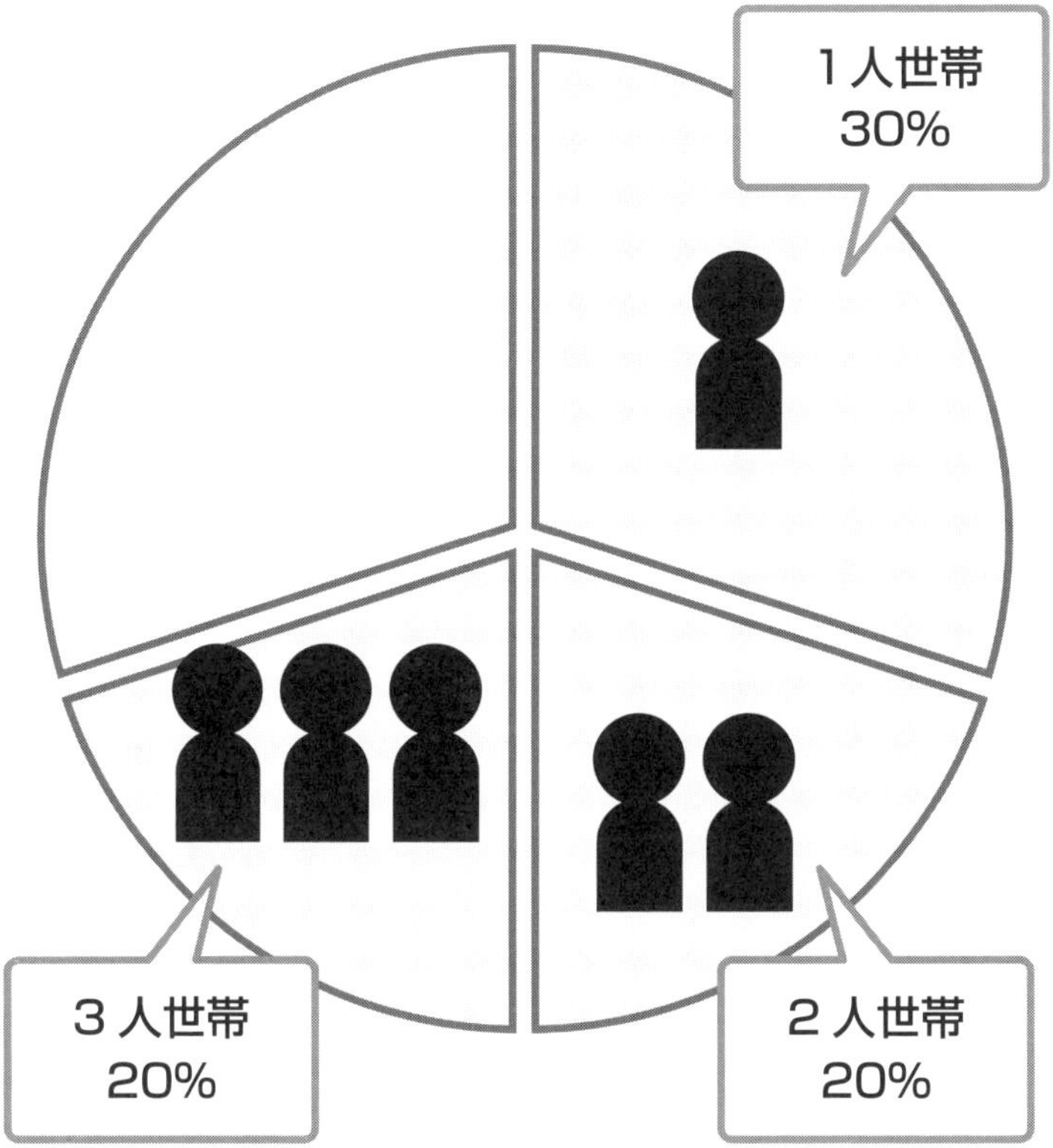

3人世帯の場合でも、若夫婦であれば2人世帯の行動に近い

1人世帯は世帯全体の中の30%を占め、1人世帯と2人世帯をあわせると全体の50%になる。さらに3人世帯まで広げると全体の70%を占め、まさにこれから先は少人数世帯の時代だといえる。飲食店の座席数のレイアウトにも、こうした社会の流れを考慮に入れる必要がある

05 1㎝で居心地を変える

インテリアのデザイン設計には、実証された数々の決まりごとがある。たとえば、通常テーブル面の高さは床から73㎝で、椅子の座面までの高さは床から43㎝が心地よいとされる。

つまり椅子の座面からテーブル上面までの間は、30㎝空いているということになる。この差をキープするのが心地よさの基本である。

最近は平均身長が伸びてきたので、若者をターゲットにするなら椅子の高さは45㎝と、2㎝高くする。当然、テーブル面までの高さは75㎝になる。この数センチの差が、居心地を左右している。

●バーカウンターの椅子は店を格好よく見せる

カウンター席で、通常43㎝の椅子の座面の高さを10㎝高くして53㎝にすると、高くなった分、人が座った時に不安定になるので、安定して座れるように10㎝の高さの足置きをつける。10㎝上げるだけで座りやすさは格段によくなる。

厨房とカウンター席との高さ関係のバランスから、どうしても座席を高くしなければならないという場合もあるが、実際に店を見てみるとカウンターの座席は少し高いほうが見た目もいいことに気づく。特にバーのカウンターは少し高いほうがカッコいい。お客が〝カッコいい自分〟を体験しに来るような店の場合は、この高さに対する演出を十分検討する必要がある。

●提供する商品を念頭に置いて寸法を考える

ラーメンのような深さのある丼を置くカウンターなら、椅子の座面からテーブル上面までの間は通常の30㎝から、2㎝くらい低いほうが食べやすい。

逆に、レストランのように平たい皿で料理を食べる店なら、少しテーブルを高めにしておくと食べやすい。お客の側からすると、なんとなく体感することなのだが、居心地のいい店というのは細かいところまで計算されている。

内装の高さや広さなどを考える時には、常識的な数字を当てはめるだけではなく、どんな商品が提供されるのかも織り込んで、リニューアルしてゆくことも大切だ。

「ほっとする」場所を作るには？

一般に五感から入ってくる情報の占める割合は、視覚87%、聴覚７%、嗅覚3.5%、触覚1.5%、味覚１%と言われ、いかに視覚からの情報量が多く、たくさんの影響を受けるかがわかる。微差が大差を生むインテリアデザイン、居心地のよいほっとさせる空間を作るには、ものの見え方、寸法が大きく関係する

ここでは平均的な天井の高さを290cmとしているが、梁の大きさや位置などによってこの部分のようにかなり低くなる場所があるので、カウンターやテーブルを配置するときにはそうしたレイアウトも慎重に考慮する

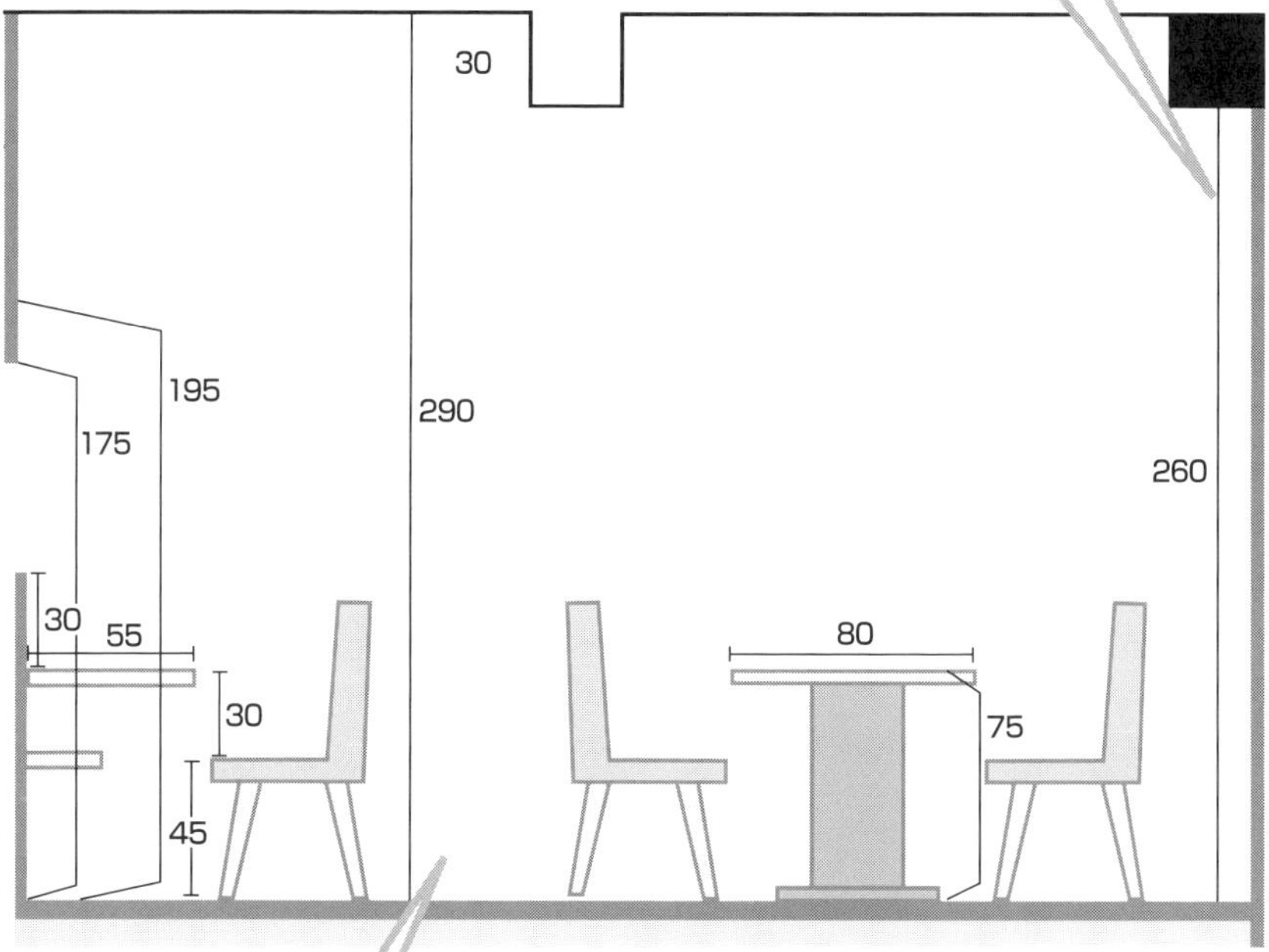

椅子の座面からテーブルまでの高さは30cmを中心に考える。テーブルや椅子の費用はリニューアル費用全体の中でも大きなウエイトを占めるに違いない。ターゲットの身長や提供する料理の皿や丼の高さも考慮しなければ心地よさは手に入れられない。同じような高さの席に座って実体験しつつ検証を繰り返してゆくことが大切だ

06

トイレのリニューアルで売上げを3%上げる

「トイレをリニューアルすると3%売上げが上がる!」「3%」の裏付けはないのだが、トイレの重要度を強調するためにこう話すことが多い。トイレが清潔で魅力的な店は、それだけでイメージがよい。体験した人は多いと思うが、どんなに魅力的な内外装で、料理や接客が素晴らしくても、トイレが汚ないと幻滅する。トイレ掃除用品が見えている店もマイナスだ。

たとえ綺麗に清掃されていたとしても、便器などが家庭のトイレと同じ仕様だったりすると、一気に現実の世界に引き戻されてしまう。トイレに、十分な配慮が払われていない店は繁盛しない。

●第三空間のリニューアル

まだまだトイレに対する意識が低い店が多いように思うが、英語ではトイレをレストルーム(Rest room)と表現する。トイレは店の客席の延長線上ある第三の部屋であり、しっかりとした演出をする必要がある。トイレには細やかな心遣いが必要だ。使い捨ての便座カバーや除菌クリーナーを置き、ウォシュレットやウォームレットなどの設備を整えることも検討したい。脂取り紙や歯ブラシまで置いてある店もある。

●トイレは女性ターゲットの要

特に女性ターゲットの店なら、トイレのデザインや細やかな配慮は欠かせない。女性はまさに第三の部屋としてトイレを使う。

既製の手洗い器ではなく、店のインテリアと調和したお洒落な陶器の器を設置したり、トイレで鏡を見る時に綺麗に写るようにライトをセッティングしたり、鞄を置くことのできるスペースをしっかり設けたりと、使う側に立った心配りが求められる。

できればトイレは男女別にひとつずつ欲しい。昔は、30席までの規模の店なら「トイレは1ヶ所で」と言っていたが、女性に来て欲しい店なら席数を減らしてでもトイレを確保したい。30席を超えたら、2ヶ所以上のトイレが当たり前だ。トイレに入るのを待たなければならない店となると、それだけで来店しようという気持ちが萎える。

お店のトイレはチェックされている

トイレのデザインは女性ターゲットの店にとって特に留意すべきポイント。既製のものではなく、インテリアデザイナーが考案したデザイン性溢れるオリジナルの洗面台は魅力的

07

ちょっとした工夫で空調を改善する

暑すぎる店、寒すぎる店に「また行きたい」とは思わない。ところがエアコンの取り付け位置などによって、必ず暑い席、寒い席ができてしまうものだ。冷たい空気は床のあたりに溜まり、暖かい空気は部屋の上部に溜まる。真新しいエアコンが備えられていても、冬は足下の冷える、居心地の悪い店というのは容易に想像できる。バランスよく快適な環境を作るためには、溜まってしまった空気をうまく攪拌《かくはん》する必要がある。

●数万円からできる工夫

エアコンの吹き出し口付近の、風が最初に当たる場所は当然、暑かったり寒かったりする。エアコンの下に風よけを付けて、直接当たらないようにすることが最初にできる簡単な改善法だ。また、数万円から手に入る、シーリングファンやサーキュレーターを用いて、空気が分散して行き渡るようにすれば、大きな設備の変更や改装をしなくとも快適な空調を手に入れることができる。

岐阜・中津川市の「懐かしいお好み焼 だいじろう」では、複雑に仕切られた空間で快適な空調を得るために、開店後1年目のリニューアル時に、シーリングファンを数台取りつけて空気を循環させることにより、居心地が大きく改善された。

●本格的に考えるなら

大衆食堂のような広いワンフロアーの店ならともかく、個室や区切りが多い店なら、馬力の大きなエアコンをドンッと真ん中につけるよりも、馬力の少ないエアコンをできるだけ多くの場所に設置するほうが効率よく調整できる。

もちろん、馬力数は同じでもエアコン台数が増えれば費用もかかる。室外機の数も増えるので、その設置場所も確保しなければならない。しかし、飲食店の繁盛にとって店舗環境のよさは、その鍵を握る重要な部分だ。予算配分の時も、空調を優先して考えるべきだ。

夏暑く、冬寒い店には誰も行きたくない。店のデザインや雰囲気以前に、空調環境の整備が集客に大きな影響を及ぼす。繁盛リニューアルのポイントのひとつだ。

快適な空調へリニューアル！

08

席数を2割減らして、売上げを1・5倍にする

東京・高田馬場にある「手仕事酒場 とことん」では、50席あった座席をリニューアルして40席にした。すると、月商300万円ほどから450万円へと、売上げが実に1・5倍にアップした。

●常識に囚われずにリニューアルする

リニューアル前「とことん」では17坪の店に50席を詰め込んでいた。オーナーに「この50席が満席になることはあるの?」と尋ねると「金曜日だけは満席になって、他はほとんど埋まることはない」という返事が返ってきた。「とことん」は日曜定休であったから、週のうち5日間は50席も必要がないまま営業していたことになる。

私はオーナーに「1週間のうち、たった1日の為だけにお客さんを狭いところに詰め込んでいるのですね?」と尋ね、「リニューアルでは座席を減らしましょう、減らしたら売上げは上がりますよ!」と提案した。オーナーは「少し考えさせて」と言っていたが、考えてみると売上げを増やすためにパシオに相談に来たわけで、そこにもってきて「10席、席数を減らす」というのは当初は受け入れがたいものであったに違いない。

結果、10席減らして17坪40席の店にした。大衆居酒屋の雰囲気を残しながらも、いつ来てもしっかりスペースが確保できる間隔にした。月曜日から木曜日までの平日売上げが改善され、月の売上げが今までの1・5倍に上がった。一見理不尽な、席を減らして売上げを上げるという提案に、OKを出したオーナーの勇気があったればこそだ。

●計算通りに人は動かない

席数を1席でも多くすれば、売上げが上がるというのは錯覚だ。もちろん、イートインの店では席数が売上げの基準になる。

しかし、席が多ければ多いほどよいというのは、いつも満席の店の場合だ。お客が来なければ、席が多いもクソもない。席数に執着する経営者は、数字だけで物事を考えて「人」を見ていない。

お客の立場に立って自分の店を見直してみると、どのようにリニューアルすればいいのか自然に見えてくる。

お店に合った席数を見極める

席を多く取れば賑わい感は増すが、お客は窮屈な思いをする。反対にゆとりのある席の取り方をすれば、心地よい空間になるものの、席数の少なさが売上げに影響することもある。お店にあった席数を考えてリニューアルすることでお客の快適度もアップして売上げ増につながる

09

店をお洒落にしたら、売上げが半減した

イタリアンレストランやカフェなどでときたま目にするのは、家庭的でボリュームのある料理がうけていた店が、リニューアルしてフォーマルなイメージの店になった途端、客足が引いてしまうというケースだ。

●自分の店の使われ方を把握しておく必要がある

イタリアン食堂で気軽に1人でランチに立ち寄ったり、ちょっと仕事の帰りにピザをつまみにビールでも飲んでゆこうと使われていた店が「本場イタリアの雰囲気」を目指してリニューアルしてしまうと、「ここはワイン飲まないといけないの？」「前菜を頼んで、ナイフとフォークで食べないといけないの？」というイメージで受け取られ、敬遠されてしまうことがある。

カフェも同様だ。昔ながらの喫茶店がカフェにリニューアルして「スモール？　レギュラー？　ラージ？　サイズはいかがいたしますか？」などと尋ねるようになったら、若い人には入りやすくても、年配の人には入りづらい店になる。

もちろん一方では、喫茶店をお洒落なカフェにし、売上げが伸びることもある。

●立地と客層を意識する

お洒落にリニューアルして売上げが落ちる店と上がる店、これらの相違はその店の立地に起因する。若者や女性のボリュームが多い立地なら、喫茶店からカフェへのリニューアルは成功するに違いない。これが東京・新橋などのような年配男性の多い「オヤジ街」なら、喫茶店からカフェへのリニューアルは、ボリューム層である年配男性客の来店動機を失うことになりかねない。

喫茶店からカフェにリニューアルするにしても、必ずしもパリやニューヨークなど外国のカフェのようにする必要はない。「オヤジ街」なら、「昭和レトロなカフェ」をイメージしてリニューアルすれば、年配者にも入りやすい店になるだろう。

「お洒落な店にしたのにお客が減った」というのは、その店に何より大切だった大衆感が失われてしまったケースが多い。意図して客層を変えたのならいいが、大切な顧客を失ってしまう的外れなリニューアルも多い。

お洒落なシステムに年配者はついてゆけない

10

スタッフを女性だけに変えたら30%売上げが上がった

男性と女性がスタッフとして働いていた店を「うちは女性だけでやっている串焼き屋です」と女性スタッフだけの店にしたら、売上げが30%上がった。東京・池袋にある愛称「乙女ちゃらり」という店だ。もちろん、男性スタッフがいなくなって女性スタッフになっただけで売上げが上がったのではなく、そこに働く人たちに工夫や努力もあったからだろうが、「女性だけ」というわかりやすい個性がコマーシャル効果を生んだのは間違いない。炭火の焼き台で女性が焼いている姿だけでも珍しいので、他店との差別化につながった。

●女性だけの魅力

女性だけの店というのは今に始まったことではない。昔から女性だけで営業している店はあった。男性スタッフがいない店は、男性客がバカなことをして多少はめをはずしても「なにやってるんだ、このおっさん」というような男性スタッフの突き刺さるような視線がなく、大目にみてもらえそうなソフトで優しいイメージがある。

「乙女ちゃらり」は女性スタッフならではのアイデア溢れる企画が目白押しだ。「ビールファイト」と称した企画をたて、ビールを3杯以上飲んでくれたお客に、女性スタッフが花輪を首にかけてあげる。ただそれだけだが、男性客の立場からすると、それがどんどん積み重なっていくことが誇らしく思えるようだ。

●男と女、飲食に向いているのはどっち?

居酒屋をサービス業という観点から見ると、単純に女性のほうが向いていると思う。私が男性だから感じるのかもしれないが、上手にお客を持ち上げるコツを女性スタッフは心得ている。

しかし、プロの料理人となると昔から男の世界であったように、男性が有利なのだろう。調理に関する心配り、繊細さという観点からみると、男性に分があるように感じる。もちろん、例外はあるだろうし一概にどうと決めつけることはできないだろうが、男性スタッフだけ、女性スタッフだけというスタイルで営業することで、それぞれのプラスの面が最大限に発揮されれば個性的な店ができ上がる。

乙女ちゃらりのスタッフ

キッチン、ホールとすべて若い女性スタッフだけでオペレーションされている

11

盛りつけを変えたら、3倍のオーダー数になった

当たり前のことだが、料理をおいしそうに見せることは大切なことだ。わかってはいても、多くの店で、料理の見せ方に工夫が足りないと思う。普通の見せ方をしていては、注文や集客にはつながらない。実際にパシオでも、料理の盛りつけ方や器を変えただけで、大きく売上げを伸ばした例をいくつも持っている。チャーハン、おかず、サラダを一皿でランチに提供していた中華料理店が、料理の内容はそのままで皿を二回り大きなプレートに変えて、フレンチ料理よろしくソースで絵を描くように模様をつけ演出した。それだけでオーダーの数が3倍近くのヒットメニューになったことがある。

●盛りつけでボリュームもコントロールする

若い人向けに溢れんばかりの山盛り、ビックポーションで売ってゆきたい店ならば、器は少し小さめにしたほうがボリュームを多く見せることができる。お茶碗に山盛りのごはんが盛られた感じだ。最近流行の「つけ麺屋」でよく思うのは、麺を深さのある丼にいれて提供するとボリュームは感じにくい。ところが、同じ量でも、平皿に麺を山のように盛りつけて提供すると、「わぁ！こんなに！」という反応が返ってくる。

ポイントは、お客に「得した」感じを持ってもらえるかどうかである。特に、若い客層をターゲットにする時は、量によるお得感の演出は効果がある。

●美味しそうに見える盛りつけがある

小さな丸い小鉢に、何種類かの漬物を一緒に盛り付けて出すことは、家庭でもどこの店でもやっている。ところがこの小鉢を、細長い皿に変えて「ちょんちょんちょん」と小分けに盛りつけて提供したり、大きめの丸い桶に入れて提供するだけで、同じ漬物の盛り合わせでもまったく別物に見えてくる。演出の仕方で同じ商品でも売れ行きはまったく変わるのだ。小鉢に一緒に盛り付けていた時と、同じ商品を同じ量盛り付けたとしても、その盛りつけ方の演出により価格を高くしても「割安感」を感じてもらうことができる。

料理は五感で味わうとよく言うが、まさに目で見て美しいもの、センスのあるものはおいしく感じる。

盛りつけのセンスが問われる

北千住　宗庵で開発中の新商品、担々麺の盛りつけ試作。フレンチのように皿にソースで絵を描く感覚を取り入れてみたり、しゃもじに味噌をおいてみたりと演出を考える。ほうれん草のかわりに青梗菜をトッピングして本格的な感じをだしたり、器の色を変えてみたりと試行錯誤を繰り返して盛りつけを決定してゆく

12

座敷を掘り炬燵席にしたら、お客が2割増えた

畳の部屋での生活というのは次第に減ってきている。若い人たちの間ではテーブルに椅子、床はフローリングかカーペットの生活が一般化してきている。

そんな生活環境を考えると、畳の部屋に通されて、寛いで飲食を楽しめるかというと疑問である。正座や胡座《あぐら》をかいて座布団に座るというのが苦痛な人は増えている。年配のお客でも、長い時間座敷に座っていると足が痛くなるので敬遠する人は多い。

最近はお寺でさえも、法事などの読経の時には座敷に椅子を置いて座れるようにしている所が増えた。ましてや、1時間2時間と滞在する業態の飲食店では、座敷席は苦痛でしかない。

●掘り炬燵席は時代の流れ

座敷を「掘り炬燵席」に変えて、客数を2割増やした店がある。神奈川・藤沢の「串べえ」という店だ。開店18年の地元では老舗の部類に入るようになった焼鳥屋で、カウンター席やテーブル席以外に30席の「座敷」があったのだが、すべて「掘り炬燵席」に変えた。開店当時は30才代だった常連客も50才代になって、さすがに座敷はつらいとの要望が寄せられるようになった。時代を感じさせる黒光りした良い感じの「板の間座敷」だったが、居心地が悪いとなっては変えざるを得なかった。

●子連れのお客は座敷を選ぶ

子連れのファミリー客がターゲットの店なら、掘り炬燵席は逆に危険なので要検討だ。子供連れのお客にとって、フラットな座敷というのは安全面でも、子供に食事をさせるにしてもありがたいものである。ある意味、そうした子連れ客の減少も、座席の形態の変化に関係しているのだろう。

女性がブーツを履くようになってくると、靴を脱いで上がる店というのは、どうしても敬遠されがちになる。そうなると、若い女性をターゲットにした店は、掘り炬燵席をやめテーブル席に変更するといったリニューアルが必要になってくる。

特に女性にとって入りやすい店とは、ファッションの流行とも関係していることになる。

ひと工夫された掘り炬燵席

大人数の宴会から少人数まで対応できるように、掘り炬燵の仕切を移動してテーブルをつなげ、大きなテーブルセッティングにすることができるように作られている。さまざまな単位のお客が楽しめるように工夫が凝らされている

13 長テーブルを卓袱台《ちゃぶだい》にしたら、売上げが50万円増えた

座敷に長テーブルを並べるのは、大人数の宴会用だ。年末年始や法事・祝い事などに、和食店が街の宴会場になっていた時代がある。しかし今は、世帯当たりの人数の減少と共に、その需要が極端に減った。会社の宴会も少人数でやる場合が増えたし、ホテルなどの宴会場などを使ってやることが増えた。そうなると、和食店の50人、60人と入れる立派な宴会場の出番は、本当に限られてくる。

●卓袱台は男性年配客にも、若い女性客にもうける

じゃあリニューアルして、普段でも使えるように4人席に変えようと思うと、年に数回の宴会も大事な収入源だから失いたくない。普段使いの席も、お客が来過ぎて困っているわけでもないので、そんなに増やしたくはない。

こんな時、骨董品の卓袱台を買い込み、普段は2～4人用にセッティングしておいて、5～8人などグループ客の場合は卓袱台をくっつけて使うようにすると、普段使いのお客を増やすことができる。大人数の宴会や法事の場合は、事前に予約が入るので、その時はそれまで使っていた長テーブルに戻しておけばよい。

千葉・八千代台の「戯之吉」でも、2階の宴会席の長テーブルをすべて卓袱台に変え、来店客数を増やした。年配客にも「懐かしい」と評判がよかったし、若い女性客にも卓袱台が「カワイイ」と好評で新規客の獲得にもつながった。

●平日でも座敷スペースに、予約が入るようになった

5章に出てくる、千葉・佐原の「炭焼本舗ふくのや」でも、ほとんど使われていない宴会用座敷20畳の内、半分の10畳に卓袱台を4卓セットして、普段も使える席にした。2人連れのカップルでも、カウンターやテーブル席よりも卓袱台席を指名する人が結構いるし、5～8人のグループ客も使い勝手がいいので、わざわざ予約してくる人も出てきた。

年末年始と3月4月以外、まったく使われていなかった宴会専用になっていた座敷が、平月でも50万円近い売上げを上げるスペースになった。

卓袱台

「ちゃぶ」とは「食事」のこと。昼間は居間として使っている部屋が夜は寝室になる日本のライフスタイルの中にあって、折りたたみ可能な卓袱台（ちゃぶだい）は大正から昭和 40 年代にかけて一般家庭で普及した。卓袱とは中国で用いられる「テーブル掛け」のことで、これを転じて日本では「食事」の意味でとらえられている。インターネットで検索すれば数万円からのものが豊富に見つかる

14 中を見えるようにすると、お客が入りやすくなる

1階の店舗に限ったことだが、中が見えない店を中が見えるようにしただけで、大きく集客がプラスになった店がある。店内のお客にゆっくり落ち着いてもらいたくて、外から見られること避けるため、中が見えないようにしたのだが、どうも集客が思わしくなく、板戸を透明のガラスに入れ替えたら、途端にお客が入り出した。

●中が見えると安心する

東京・北千住の「つけめん・らあめん宗庵」という店は、開店後1ヶ月ほどで入り口の戸をリニューアルした。人通りの非常に多い商店街の1階だったので、若い女性でも落ち着いて食べられるように、通行人からの視線を遮断して中が見えない店にしてオープンした。店頭のメニュー看板にラーメンや店内の写真を入れ、その看板で店の様子を伝えればいいと考えたのだ。

しかし、店前には人がいやというほど歩いているのに、イマイチ来店客数が伸びなかった。しばらくたって、近所で働く紳士服店の女性店員の方から「中の様子がわからないと、入りにくい」と指摘を受け、入り口の戸をすべて透明ガラスに入れ替えて、中が丸見えの店にリニューアルした。

すると、嘘のように来店客数が増えた。やったことは、入り口の板戸5枚を透明なガラスに替えただけ。

●戸を開けっ放しにしたら、さらに人が入ってきた

さらに、暖かい季節には、そのガラス戸を開けっ放しにするようにした。すると、目に見えてさらに来店客数が増えた。今度は、閉じていた戸を開けっ放しにしただけ。気にかけていた若い女性客も、ラーメンを食べている姿を見られることをこちらが気にするほど嫌がらないようで、しっかりと来店している。

あらためて、お客というのは慎重な行動をとるということを実感した。中が見えなければ、安心しない。お客にとって、中が見えない店の戸を開けて入るのは勇気がいる。だから、その戸が開いているだけで中へと引き込まれてゆく。

店に入るという行動に対して、障害となるモノをどう減らしてゆくかが集客のポイントになる。

道行く人は店内が気になる

お客が入っているのかいないのか？　どれくらいの広さで、どれくらいの席があり、どんなデザインのお店なのか？　新しくお店ができると道行く人たちは必ず注目するものだ。店内のレイアウトを紹介した画像や見取り図を載せたポスター・看板を使うことや、店内が見えるような造作にすることは集客する上で大きなプラス要因となる

15

マークやロゴを変えたら、売上げが5％増えた

飲食店の店名表示を、しっかりデザインされた図柄や文字にすると集客効果が上がる。店の外観の重要度は、すでに取り上げているが、どんなに素晴らしい外観デザインでも、そこに表示されるマークやロゴタイプのデザインが魅力のないものだと、集客には悪影響にすらなる。

●入ってみたいと思う、マークやロゴタイプのデザイン

パシオは元々「CIデザイン」の会社なので余計に気になるのだが、いまだにマークやロゴタイプに対する意識の低さが飲食業界では目立つ。

たとえば、店の建物外観をお菓子などの商品パッケージにみたてるとわかりやすいかもしれない。スーパーやコンビニの売り場に数多く並ぶ商品の中から、お客が手に取ってみたくなるパッケージのデザインは、その商品が売れるかどうかの鍵を握っている。そこに書かれた商品名の文字やイラスト、色などのデザインがプロによって十二分に検討され、初めて売り場に並ぶ。

オーバーストアになっている飲食業界でも、考え方の基本は同じだ。数多くの店の中から、自分の店をお客に選んでもらう必要がある。そのためには、外壁や看板に表示された、マークやロゴタイプのデザイン力が問われる。元気さが売りの居酒屋なら力強い筆文字が、家族客がターゲットの焼肉レストランなら親しみやすい牛の顔をデザイン化してもいいかもしれない。お客から見て「入ってみたい」と思う、マークやロゴが求められる。

●近隣の話題になる

栃木・自治医大前の「串焼だいどこ　こっこのすけ」は、車通りの少ない路地裏ロードサイドの店だが、開店後5年目にマークやロゴタイプをデザイン性の高いものに変えた。それまでも繁盛店であったが、さらに上を目指して集客のパワーアップを狙っての変更だった。

「マークやロゴタイプを変えただけで、お客が増えるのか？」と思う人がいるかもしれないが、論より証拠で5％売上げがアップした。当然、新しいマークやロゴタイプにした時に看板への表記も変えたので、看板でのアピール力が増したともいえる。

シンボルマークをリニューアル

⬅串焼だいどこ
こっこのすけ

● 決定した新シンボルマーク ●

串焼だいどこ
こっこのすけ 炭
COCCO NO SUKE

● アイデアスケッチ ●

串焼だいどこ こっこのすけ

Column

腰の軽さが、繁盛を呼ぶ

大成功者といわれる飲食業界のカリスマに何人も会ってきたが、共通点をひとつだけあげろと言われたら、わたしは「腰の軽さ」をあげる。「腰の軽さ」とは「いいな」と思ったことは、すぐに自分の店で実行し試してみる能力をいう。もちろん、会社の存亡を左右する案件は別の話で、そうした決定には熟慮する時間が必要だろう。

具体例をあげると、2000 年にパシオが主催していた「パシオ塾」で若手経営者と共に札幌で「最低の肉を、最高の塩で食べさせる」というふれこみの串焼き屋を訪ねた時のことである。その店では、おしぼりを塩素抜きしてからお客に出していた。塩素の不快な臭いを抜くために一度納品されたおしぼりを自分の店で水洗いし、香りをつけてからお客に提供する。それを見た若手経営者全員が、すぐに自分の店に連絡をとって同じようにするように指示を出した。なんとも腰の軽い人たちであった。

客単価の高い店で、おしぼりを塩素抜きして出すというのは珍しいことではないだろうが、地方で、しかも客単価が 2000 円以下の店でそれを行っているというのはインパクトがあった。こうした体験をした時に「東京に戻って、みんなでミーティングしてからどうするか決めよう」と考える、決断の遅い経営者の店はきっと繁盛しない。

「そんなこと、オレは知っていたよ」という人は多いかもしれないが「知っている人」と「やった人」は大違いである。すぐやる「腰の軽い奴」ほど成功する。

10章

商売を替える

01 バー→串焼き屋（イートイン→イートイン）

バブル期まで飲食は「イタリアンで食事をして、バーで飲んで」といった具合に「飲」と「食」が明確にセパレートされて使われていた。それが、バブルが崩壊して以降は「飲」も「食」も両方一ヶ所で済ませる「ワンストップ型」へと変わってきた。バーや酒場は食べ物を充実させ、食べ物屋は酒メニューを充実させた。結果、イタリアン居酒屋、中華居酒屋など、「食」と「飲」の両方が楽しめる店が増え総居酒屋化していったといえる。

●短期間で技術は身に付く、単品専門店

お酒の売上げ割合が50％を超えると、バーや酒場と呼ぶことができる。そのバーや酒場から、食事もできる居酒屋への商売変えでは、当然ながら食べるもののメインを何にするかがポイントになる。調理経験のない人の場合は、短期間で技術をマスターできる単品専門型の居酒屋へと、商売変えしてゆくのがやりやすい。カレーやラーメンなども単品専門型だが、お酒と合う単品となると串焼き、串揚げなどの串物類が最適といえる。

バーや酒場であれば酒の品揃えや雰囲気だけで満足し、食べ物は酒のアテがあればいいとなるが、串焼き屋となると串焼きの美味しさが要求されてくるのはいうまでもない。

●改装とトレーニング

バーから串焼き屋へ商売変えするには、厨房設備の追加や給排気設備の工事が必要になる。といっても、それほど大げさに考える必要はない。極端な話、厨房設備のどこかに焼き台を置けばいいわけで、工事費用がかかるのは煙の処理だろう。フードを付け、ダクトを引いてきて給排気をしっかり行うというのは、バーにはない設備だ。

炭火の串焼きをやる場合であれば、炭の管理や焼き方、塩の振り方などをトレーニングすることとなる。「肉のカットから、串打ちまで自分でやる」となれば、ある程度の修行期間が必要になる。最初は、精肉業者や食材業者から串に刺された商品を納品してもらい、焼きの部分だけをマスターするのであれば、短期間で技術を身につけることもできる。

串焼店繁盛のポイント

1 安いプライスを店頭に表示する

串焼き店が不況に強いのは、単品の価格が100円程度と安いことにある。いかに店前をゆく人に効果的にプライスを訴求するかは大切なポイントになる

2 非日常感を演出する

家庭ではできない炭火で焼くという行為をどのようにプレゼンテーションするかは繁盛のポイントになる。炭の使い方、見せ方は大切。煙や臭いも串焼き店にとって集客の要素になる。店が住宅街にあるなどいろいろな障害はあるだろうが、煙や臭いでお客は集まってくる

3 職人の串焼きが旨い

たとえ店をはじめたばかりの串焼き初心者であっても、お客から見れば立派な職人に見える。それ以上にいかに立派で経験のある職人に見せるか、というのが繁盛の秘訣。動きや言葉遣い、服装や髪型から職人のイメージは醸し出されてくる。職人の焼いた串焼きは美味しいとだれもが感じる

4 こだわりを伝える

串焼き店というのは、おそらく飲食店の中でも一番店舗数が多く飽和状態の業態だろう。その中で繁盛するためには「秘伝のタレを使っています」「50年間受け継がれてきたタレです」といったこだわりをアピールすることが重要。塩を用いるにしても、ブランドの塩をアピールするなど専門店として特化してゆく必要がある

5 特徴的なネーミング

聞いたことがないネーミングはお客の関心を引きつける。「ぼんじり」という部位が一般化してきたなら「ぼちぼち」といったネーミングで提供する、それなら新鮮だ。「なんだろう？」「食べてみたい！」とお客は受け取る。新しい名前をつけるのが必ずしもよいとは限らず、「砂肝」を「すなずり」と昔の呼び名で表現してみる方法も効果がある

02 居酒屋→惣菜店（イートイン→テイクアウト）

お酒を扱う商売の繁盛は、接客の善し悪しで決まる。不思議に思うのは、居酒屋を経営していて「接客嫌い」「接客下手」という人が意外に多いことだ。ましてや酔っぱらいの相手をするというのは、接客が苦手な人にとっては大きなストレスとなっていることだろう。「調理にはこだわりと自信がある、でも接客は苦手」となると、自然に接客よりも調理にウエイトを置いた商売へ魅力を感じるようになる。そうすると、テイクアウトの総菜店への商売替えが選択肢に入ってくる。

さらに最近多い、居酒屋からの商売替えの理由として、道路交通法の改正がある。先の道路交通法の改正によって、ロードサイドでお酒が売りの店は大きな打撃を受けた。ロードサイド立地で、お酒を飲んでもらう商売をしてゆくには、難しい状況になっている。

●ファミリーも巻き込んで、台頭する中食産業

惣菜店に代表される、中食《なかしょく》産業の躍進はめざましいものがある。中食とは、「外食」と、材料を買ってきて家庭で料理をする「内食」との中間にあるものだ。

昔は、単身者が主な利用客であったが、最近はファミリー客の利用が多くなってきた。結果的に、ファミリー客を見込める場所が、惣菜店に向いている立地になってきた。

核家族化が進んだ結果として、家庭での料理を簡便化する傾向が続き、専業主婦の方でもメイン料理の材料はスーパーで買い、おかずとなる副食材は総菜店で買う方が効率的といった動きが出ているからだ。

●惣菜店は、厨房スペースが店舗面積の半分を占める

惣菜店は、店舗面積の半分を厨房が占めるようになる。店の四分の一くらいが厨房スペースで、客席に多くのスペースを取っているイートインの居酒屋とは異なるので、大幅な改装工事が必要になってくる。当然、改装費用も掛かってくる。

メニューは作り慣れた、居酒屋時代の料理をベースに広げてゆく。「おふくろの味」的な、手作り感溢れるメニューが提供できれば、大手チェーン総菜店との差別化がなされ、個性的な店創りが可能だ。

総菜店繁盛のポイント

1 手造り感の演出

価格競争では大手チェーン店に勝目はない。個人の総菜店が勝機を見いだすには「手作り感」を演出することにある。そのために器や盛りつけ方、プライス表示に手造り感を出す。ゆったりした陳列や内装も手造り感を意識してコーディネートする。たとえば「おふくろの味」が売りなら農家の台所をイメージしたり、アメリカならサンタモニカの市場をイメージしたりといった具合である

2 接客の度合いを高める

気配りは大切。空気を読んでかゆいところに手の届く自然な接客をめざす。人をふやせないならＰＯＰにメッセージをかかげてゆく

3 季節感の演出

日本特有の四季をメニューやＰＯＰに盛り込むことは欠かせない

4 安全安心がキーワード

作っているところを見せるオープンキッチンは、お客に安心感と手造り感を与える。食の安全が重視される時代に、個人店ならなおのこと安心安全な商品、お店を心掛ける

5 清潔感

当たり前のことだが、意外とおろそかにされているのが清潔感だ。スタッフがきちんとユニホームを着て帽子をかぶっている、惣菜のとりわけの時はきちんと手袋をしているといった細かなところまでお客はよく見ている。昨今、食品の「安心安全」への関心が急速に高まり、清潔感を重要視して買い物をするお客はますます増えている

03 パン屋→カフェ（テイクアウト→イートイン）

テイクアウトのパン屋は、客単価が低い回転型の商売だ。必要な売上げを確保するためには、毎日何百人ものお客に来てもらう必要がある。特にオフィス街立地にあるパン屋などは、お客が集中するのはほとんど昼の数時間だけに限られていて、夜の時間帯は閑散としている。せっかく夜にもビジネスチャンスのある場所だとしたら、夜の売上げも見込める業種・業態への、商売替えを考えるのも当然といえる。

●カフェメニューの作り方

パン屋での経験を生かした、ベーカリーカフェへの商売替えが最初に思い浮かぶ。手作りパンのおいしさを生かして「パンのおいしいカフェ」というのは、店の個性となり差別化の武器となる。

しかし夜の集客も狙うのだから、夜の食事やアルコール類など、新たなメニューの調理をどうするかといった問題がでてくる。専門の調理人を雇うとなると、カフェをやるにしては本格的すぎる。そこで、クイックパスタやピッツアにメニューのウエイトを置けば、短期間で技術をマスターすることができる。ピッツア用には、釜やオーブンなどの厨房機器は活用できる。粉メーカーでも作り方を指導してくれるので、活用したい。カフェメニューの作り方も、エスプレッソマシーンや珈琲豆のメーカーが教えてくれる。

●接客時間が長くなる

テイクアウトのパン屋はお客の滞在時間が短い。それに対して、イートインの店はお客の滞在時間が長くなる。そうなると、この種の商売替えで成功のポイントになるのは接客力だ。同じ客商売でもパン屋の接客と、夜にはお酒も提供するカフェでは接客がまったく違う。そうした今までとは「まったく違った客商売になる」ことを覚悟した上で、商売替えに臨めるかどうかが大切だ。

テイクアウトのパン屋からイートインのカフェへの商売替えとなると、店の内外装を大幅に変える必要があるので、厨房設備や客席部分の追加など、当然それなりの資金が必要になる。

カフェ繁盛のポイント

1 お洒落感の演出

安いコーヒーを飲みたいなら、ドトールやそれこそファーストフードの店でも間に合う。個人経営のカフェにお客が第一に求めるのは"お洒落感"である。お洒落を演出するにはコストも当然かかる。そうしたものも含めてしっかりとしたコンセプトワークが成否の分かれ道になる

2 テーマを持った店創り

モチーフとなるテーマを持って店を創ってゆくことは店の個性をわかりやすく伝え、多様化してゆく顧客のニーズに訴求する。ニューヨークのカフェとかパリのカフェとか異文化へのあこがれや情緒をイメージして店づくりをすることもできる。そうしたこだわりを、ユニホームや食器などにも統一感をもって広げてゆく

3 イベントで集まる楽しさを訴求する

集まる楽しさを持ったお店には集客力がある。お店の壁面を使って壁ギャラリーを開催したり、ワインのテイスティング会をおこなったりと、お店のイメージアップにつながる場として活用してゆくことは、結果として集客につながる

4 こだわりのメニュー戦略

まずおいしさありきは当たり前だが、商品のバリエーションは大切だ。ラテだとしたらフレーバーラテやリキュールラテなど、お洒落で大人を意識した主力商品のバリエーションがあってもよい。フードメニューはお店のイメージと連動させて考えてゆく。ニューヨークのカフェならベーグルを使ったメニューが考えられるだろうし、イタリアのカフェをイメージしているならパスタやピザがでてきてもおかしくない

5 個人店らしさの光るオペレーション

大手フランチャイズのカフェが完全なセルフ方式をしているなら、個人店はセミセルフで「おすきな席へどうぞ」と座っていただき帰りに清算する、という方法をとるだけでも受ける印象はまったく異なる店になる。オープンテラスで全部の席がテーブルから道のほうを向いているパリのカフェさながらの演出を見たときには、その格好の良さにひかれたが、既存のしがらみにとらわれないで、そうしたお洒落な演出をすぐに取り入れて実施してゆけるところに個人店繁盛の秘訣がある

04

和食店→仕出し（イートイン→デリバリ）

和食店から仕出し屋への商売替えというのはまさに時代の流れだろう。前項でも書いたが、道路交通法の改正にともない、車で乗り付けてみんなで食事をしながらお酒を楽しむ、というお客は減る一方だ。

お客にしてみると、運転代行やタクシーをわざわざ頼まなければお酒が飲めないなら、外食に出かけようという気持ちが薄れる。ならば自分の家にプロの料理を届けてもらい、お酒を飲み交わして寛ぐほうがいいということになり、仕出しのニーズが拡大してゆく。和食店から仕出し店への商売替えの動きは、車が移動の足になっている地方都市で顕著に見られる。

●最初は、今の設備や人員で対応する

和食店から仕出し店への商売替えでは、移行期間をもうけて和食店の営業をしながら仕出しを拡大してゆくという場合が多い。仕出しを始めるにあたっては、仕出し用の器や車やバイク、人員の確保などが必要になってくる。特に、配送員の確保は難しいので、今の営業を続けながら仕出し店へと徐々に移行してゆくのが賢明だ。最初のうちは現在使っている厨房でも、大きな改装なしで対応できるはずだ。仕出しが軌道に乗り、取り扱い量が増えてきたらスチームコンベクションオーブンや真空調理器など、短時間に大量に調理できる設備を入れ、本格的な対応をとることになる。

●基本メニューは店の料理

メニュー内容は基本的には、和食店のメニューをベースにして、新たな仕出し専用メニューを開発してゆく。料理の内容は変わらなくても提供の仕方は工夫が必要だ。唐揚げを山盛りにした「得盛りメニュー」など、単品ビックポーションメニューが最近の流行だ。

仕出し屋に商売替えした時の集客のポイントは、販促計画にある。頻繁に仕出しエリアにパンフレットやチラシをポスティングしたり、新聞折り込みをしてゆく。シズル感を誘う料理のカラー写真をふんだんに使ったパンフレットには、人を引きつける力がある。定期的に繰り返し配布してゆくことが、仕出し屋が繁盛するためのポイントになる。

仕出し店繁盛のポイント

1 商品のバリエーション

年配の方から子供まで、和食から洋食まで幅広い顧客に対応するという仕出しのあり方を考えると、当然、商品のバリエーションは大切なポイント。たとえ和食の仕出しに限定したとしても、天ぷら、お寿司、釜飯、串焼きといった具合にいろいろな料理が考えられる

2 早さは大切

待たせない、時間厳守は仕出し店にとって基本だが、わかっていながらこの基本ができていないお店が多い。オペレーションをよく考えて、短時間で提供できるシステムを構築しておく必要がある。いいかえるなら、そうしたシステムをもっているかどうかが繁盛のポイントになる

3 少人数対応

1人世帯、2人世帯の増加という日本の状況は仕出し業態にも反映される。少人数にも親切に対応して顧客を拾いこめるかどうかも、個人店にとっては大切なポイントだ

4 カラーパンフレット

「豊富な商品があること」「便利なこと」を訴求するためには、パンフレットやチラシがエリアの家庭に常備されている状態を創り出しておく必要がある。バリエーションの豊富さを訴求できる彩り豊かな商品画像が掲載されたパンフレットをつくったなら、どれだけ繰り返しエリアに配布してゆけるかが繁盛のポイントだ。お店にパンフレットを山積みしていても電話はかかってこない

05

宅配業→居酒屋（デリバリー→イートイン）

宅配ビジネスがクローズアップされたのは恵比寿に「ドミノピザ」の日本一号店がオープンした1985年頃からだろう。宅配ピザは一気に日本全国にブレイクした。それから20年以上が経過し、宅配ピザは淘汰の時代に入った。あるピザの宅配では、1営業所あたりの売上げが、最盛期に比べ半減したと聞いたことがある。宅配範囲がエリア制になっているので、一定の売上げ以上は見込めないことなどから、イートインの飲食業態へと商売替えをする人が出てくる。

●宅配業からの商売替えは居酒屋が人気

また、フランチャイジーとしてのフラストレーションが溜まっての商売替えというケースもある。ノウハウゼロでも資金があれば開業でき、材料もすべて送られてきてトレーニングもしてもらえる。新商品も、販促物も本部から提供されて至れり尽くせり。最初のうちは、そのことが魅力なのだが、しばらくすると自分のオリジナルなやり方でやってみたくなる。その時には、なぜか居酒屋に人気が集まる。システマチックな宅配業からの商売替えとなると、お客を楽しませることがポイントになる居酒屋に魅力を感じるのかもしれない。

●デリバリーとイートインでは立地が違う

デリバリーの場合は店の立地条件を問わない。人通りが少なく視認性のない場所であっても、営業に支障はない。テレビのコマーシャルやチラシで、電話番号さえ知ってもらえれば注文はくる。

ところが居酒屋を開業するとなると、まず立地の視認性が問われる。デリバリーの店舗をそのままリニューアルしても、居酒屋としては難しい場所であることが圧倒的に多い。立地からきちんと見直してみることが、この商売替えでのポイントになる。

宅配業をやっていた人は、会社組織で運営していた場合が多く、居酒屋をやる場合にも、調理や接客ができる人を雇い入れて、一から居酒屋を作ってゆくことが多い。成功は、宅配というシステム業から、「人」のウエイトが高い居酒屋接客業へ変わることの、意識の切り替えが上手くいくかにかかっている。

居酒屋繁盛のポイント

1 店主の顔が浮かぶ店

繁盛している居酒屋には「オヤジさん」であったり「おかみさん」がいる。そうした親しみやすい「人」が繁盛を呼んでいる。店主、店員の笑顔やかわす会話に魅力がある店は繁盛する居酒屋には欠かせない

2 癒しの雰囲気

この店にくると「元気になる！」「癒される」そんな雰囲気があるお店がいい。そうした雰囲気は店員の元気なあいさつやかけ声であったり、お客の顔や名前、交わした会話を覚えていてくれるようなきめ細かな接客が創り出してくれる

3 豊富な商品知識

酒やつまみのうんちくを語れるような商品知識とこだわりのあるお店は繁盛する。スペースやオペレーションなどの関係で、お酒や料理の種類の多さを謳えないとしても、季節ごと、月ごと、週ごとのメニューでこだわりの酒、こだわりの料理を紹介することはできる

4 スタッフのチームワーク

飲食店の評価はかけ算である。商品力、雰囲気、接客、割安感、どれかの評価がゼロなら、他がいくらよくても、お店全体の評価は“ゼロ”である。スタッフのチームワークはそれらに大きな影響を与える。しかし、残念ながら今の時代、人材を選り好みできるような求人状況ではないだろう。それでも、やる気のある人を集める求人コピーや、お店のお客や友人の友人にアプローチするなどして信頼できる人材を確保してゆくことができる

5 楽しさの演出

結局のところ食べ物屋さんはおいしさを求めるが、居酒屋に人々が求めるのは楽しさである。お客に楽しんでもらうために何ができるのかをいつも考えているお店は繁盛する。それは季節のメニューを作ることかもしれないし、前日テレビで放送されていた、話題になりそうな料理をすぐにだしてみるといったことかもしれない

06

不動産業→バー（サービス業→飲食店）

異業種から飲食業への「商売替え」を考える時、前職を飲食業と結びつけてプランすることが差別化のポイントになる。

ここでは、不動産業から飲食店経営へと商売替えした例を挙げる。当然ながら、不動産業の方は立地、物件を見極めるプロフェッショナルなのだから、店舗物件探しにまずその経験が生かされることになる。

不動産業と飲食店の接客とは異なるのだが、不特定多数の人と接するという意味では共通点があるので、その営業経験を生かせる飲食業態を選ぶことがポイントだ。

●営業職を生かした、接客にウエイトを置いたバー

居酒屋となれば、フードメニューだけでも40～50種類は必要だし、店で調理することが求められる。しかしバーであれば、それほど手の混んだ料理を求められないので、異業種からも参入しやすい業種といえる。

そして何より前職が営業であれば、バーに最も求められる、会話や気配りなど接客の部分で経験が生かせる可能性が高く、向いている。

●「好き」こそ、成功の要因

不動産業から、社員をそのまま引き連れ「沖縄バー」に商売変えして成功した方がいる。なぜ沖縄なのかといえば、社長が「沖縄が好きだから」というきわめて単純な理由であった。そんな簡単な理由で業種を選んでいいのか？　と思う人もいるかもしれないが、「好き」ということこそ、成功に結びつく最大要因だ。好きだからこそやる気が出る。工夫が生まれる。勉強する。何より、商売をしていても楽しい。

異業種からの参入の場合、調理経験がないので単品商売の店に絞りこみトレーニングを積んだり、プロの料理人を雇い入れて本格的な料理を提供してゆくことになる。しかし、沖縄料理には家庭料理しかないといってもいい。つまり和食やイタリアンのようにプロの料理人を雇わなくても、開業できる可能性が高い。たとえば、沖縄出身の主婦の方に料理を教えてもらえれば、家庭料理なので比較的素人でもマスターしやすい。異業種から飲食業に商売替えする場合、ありがたい料理分野といえる。

バー繁盛のポイント

1 ムードを楽しむ

バーは雰囲気を楽しむ場所だ。しっかりとしたコンセプトを立てそのコンセプトを内外装にも反映させてゆく。予算の面での妥協をゆるすなら、のちのち妥協した分だけ売上げが減るぐらいの気持ちをもってこだわってほしい

2 アルコールの種類に専門性を持つ

ここでは料理に合わせて酒を提供するのが居酒屋、酒にあった料理を出すのがバーだと考える。居酒屋はバーよりも料理が充実していてバーはあくまでも酒の提供に特化している

3 バーテンダーが鍵を握る

bar-tend-erという言葉の本来の意味は「バーの世話をする人」である。いいかえれば「お客」の世話をするのが一番重要な仕事である。お客は1杯目を悩む。そんな時に「この前はジントニックでしたね。二日酔いだからジン少なめ、とおっしゃっていました」と語りかけると、客は当然「えーっ、きみそんなこと、おぼえていてくれたのかぁ」と感嘆する。そんなワンツーワンの接客ができるバーテンダーのいる店は繁盛する

4 空気を読む接客

いつも友達2人で来ている人がお客さんと来た時とか、いつもカップルで来店していた人が別の女性と来た時とか、状況の変化、その場の空気をいち早く読みとるのが、バーに求められる接客だろう。居酒屋と差別化して活路を見いだせるとしたら、そうした圧倒的な心くばりのある接客がかかせない

5 クオリティの高い内外装

バーは雰囲気を楽しみながらお酒を飲む「場」である。雰囲気の善し悪しは人とデザインに負うところが大きい。カウンターの材質選びにしても広さや厚みの選択にしても、お店のコンセプトを重視しつつ、ゆとり、やすらぎ、ここちよさ、かっこよさなどのイメージを伝えてゆけるかどうかを考える。よいデザインとコストは比例して高くなる。安くすることばかりを考えると失敗する

07

洋品店→うどん店（アパレル→飲食店）

集客力のある商業施設が続々と新しくでき、お客を集める時代。なじみの固定客でなりたってきた、個人洋品店も苦戦を強いられることになる。洋品店などアパレル業界から飲食業界へと華麗な転身をとげて、成功を収めたラーメン店の事例などがマスコミで取り上げられることがある。アパレル業界から参入する人たちが飲食業で成功する理由は、そのセンスのよさだろう。

●アパレル出身者が飲食で成功する理由

お洒落なカフェならセンスのよさが集客につながるだろうが、ラーメン店やうどん屋のどこにセンスが光るというのだろうか？　と思うなかれ。「微差が大差を生む」とはよく言ったもので、商品をセンスよく見せるだけでも、集客に差は出るのである。食器やカスターセットなどの小物、トイレに飾るディスプレイなど、アパレル業界出身の人は特に女性受けする店づくりが上手だ。

●アパレルからカレーうどん店経営へ

東京と大阪を比べると東京はラーメン店が多く、大阪は少ない。反対にうどん屋は大阪が多い。東京でカレーうどんの繁盛店となると、東京・巣鴨の「古奈屋」くらいしか思いつかないが、関西ではカレーうどんメインの店を見かけることが多い。そうした食文化の違いをにらみつつ、アパレル業から商売替えをして東京でカレーうどん店として成功した店が、東京にある。

アパレル業らしい、そのセンスのよさは店の随所にちりばめられている。女性に優しい気遣いとなる紙エプロンを用意したり、つまみのピクルスをお洒落なガラス瓶に入れディスプレイしている。器やテーブルウエアも輸入ものの洒落たデザインのものが使われている。

食後のデザートに、塩アイスを提供するうどん店というのも珍しい。

アパレル業界から飲食店に転身して、一番戸惑うのは客単価の違いであろう。たとえば、1日数着売れれば食べてゆけるといった洋品店から、1日に100杯以上は売らないとやってゆけないうどん店では、その商売のやり方に大きな差がある。

うどん店繁盛のポイント

1 茹でる姿を見せる

麺を大きな釜で茹でているところを見せるとシズル感をそそる。麺を手打ちするシーンを演出する方法もあるが、お客が集中しているときにアピールするなら茹でているのを見せるほうがよい

2 手打ち感を出す

うどんの魅力は麺にある。手作りで麺を打っている様子や麺を打つスペースがあると、大きな期待を抱かせる。人が集まってきたのをみはからってパフォーマンスとして作ってみせるなど、通常作業の一貫として麺を打つ以上に効果がある

3 ストーリーがある

シンプルな商品を売るときには、店主の素材へのこだわりがなお一層必要で、それをいかに訴求してゆくかがポイント。店のコンセプトに関わることだが、「本場香川」をうたうなら粉を香川から取り寄せる、といったこだわりの部分をお店の売りにしてゆく。こだわりをつづった文章を店内におしゃれに掲示したり、それらしさを醸し出す演出をする

4 材料へのこだわり

おいしさの裏付けとして、食材へのこだわりはかかせない。小麦粉や醤油、鰹節などの食材にこだわりを打ち出して訴求してゆくことは大切なことで、結果としてそれはおいしさにつながってゆく。産地や食材の価値を表示したＰＯＰを掲げたり、お店のショルダーネームで「北海道小麦本格饂飩」といった具合に表示してイメージをアップさせてゆく方法もある

5 客単価アップの工夫

都会のうどん店なら、お酒を提供することで客単価をアップさせてゆくだろうが、ロードサイドのお店になると、いかに魅力的なトッピングやサイドメニューを提供してゆくことができるかどうかが鍵を握っている。うどんには天ぷらものが合う。季節の天ぷらなどの企画も面白い

08

米店→おむすび屋（物販→テイクアウト）

米の販売規制が緩和されて、スーパーやコンビニなどでも買える時代になった。米を専売してきた米店が生き残ってゆくために、米店からおむすび屋への商売替えというのは、わかりやすいストーリーである。

米のプロとして、どの米が安くておいしいのか？　どんな炊き方をして、どんなおかずと合わせるとおいしいのかも知っているはずだからである。

また、お客の立場からするとお米屋さんが提供するおむすびは本格的なものに感じる。このことは米店がおむすび屋を開業する時の、大きなプラスイメージになる。

●おむすび屋は昼までが勝負

米店からおむすび屋に商売替えして繁盛している店に、東京・練馬の「おにぎり 小島米店」がある。最初にオープンした場所は、テイクアウトの店には不向きな店前交通量の少ない住宅地であったが、「米屋の美味しいおむすび」という評判が口コミで広がり、徐々に繁盛店になった。業界紙などでも紹介され、見学に来る同業者（米店の経営者）は後を絶たなかったそうだが、おむすび屋開業の検討はしても、実際に開店までこぎつける人は少なかったそうだ。なぜなら、おむすび屋は朝の時間帯に売上げをつくる必要があり、「早朝5時から仕込みをする」と話すと、ほとんどの人がおむすび屋への商売替えを諦めたそうだ。

おむすび屋は、昼までに1日の売上げの35～40％を売上げていなければ繁盛店にならない。そうなると、早朝には商品が店頭に並んでいる必要がある。時間的なことを考えると、決して楽な商売ではない。

●おむすび屋は店前交通量が多くなければ繁盛しない

店が繁盛するかどうかは「小島米店」のように、味や品揃えなどの商品力もさることながら、立地条件が大きく関係してくる。

客単価が５００円前後なので、繁盛店になるためには毎日何百人という客数が必要になる。おむすび屋は、車や歩行者の店前交通量が多く、周辺に駅などの大きな商業施設がある立地で、1日に多くの来客が見込める場所でなければ、なかなか繁盛しない。

おむすび屋繁盛のポイント

1 立地が命

おむすび屋を商売として成り立たせるには、朝の時間帯だけで30〜40%の売上げを上げる必要がある。当たり前のことだが、典型的な回転型の商売で成功するためには駅前などの好立地で開業することが必要だ

2 季節感を取り入れる

レギュラーメニューのおいしさは大切だが、他店との差別化やマンネリ化を避けるために、新メニューの開発は必須である。四季のある日本で季節感をとりいれた商品開発は繁盛のポイントになる

3 手頃なサイドメニューがある

惣菜、漬物、みそ汁、お茶など、おむすびをメイン商品として引き立てつつ、買い足すことのできる商品を揃えておくことも売上げアップにつながる。おにぎり1個120円で、唐揚げ5個300円で販売するよりも唐揚げ1個60円といった小人数にも対応したリーズナブルな値付けの売り方を意識してゆく

4 商品力

おむすびはシンプルな商品だけに、そのおいしさの優劣がわかりやすい。コンビニのおにぎりとくらべると専門店のおむすびはおいしい。もちろん米や海苔に負うところが大きいのだろうが、「さめてもおいしいおむすび」であることが成功の秘訣を握っている。さめてもおいしいおむすびを作る方法はいくつかあるが、各店とも商品開発に鎬を削っている

5 手作り感を訴求する

白いご飯から湯気がたちのぼる。熱々ご飯をスタッフが手際よく握っている。そんな光景が目の中に飛び込んでくるだけでシズル感は跳ね上がり、おいしそう、食べたい、という欲求に動かされる。そうしたライブ感ある見せ場を意識したお店づくりやオペレーションを創り上げてゆくことが繁盛につながる

09 ふとん店→酒場（物販→飲食店）

どこの街にも地元の布団屋さんというのが一軒はあった。それほどお客が来ているようにもみえないし、頻繁に布団が売れているわけではないのに潰れないで続いている。そうした店が成り立っているのは、古くからの販路や得意先があるからだろう。しかし、将来のことを考えると、布団屋さんに限らず物販で生き残るのはなかなか難しい。ロードサイドにできた大型ショッピングセンターなどにおされて、古くからの駅前商店街がシャッター通りになっているのは珍しくない。自分の土地で商売をしているが「今後はどうしたものか？」ということで商売替えを検討することとなる。

●立地に向いている業種・業態を選ぶ

今までは、単価の高い商品を扱っていたので、店前交通量をそれ程考えなくてもやってこられたが、飲食店への商売替えとなるとそうはいかない。飲食業は多くの人に来店してもらわなければならない。店前交通量だけでなく、客層ボリュームも必要だ。その立地がこれからやろうとする飲食業種に適しているかどうかの見極めがポイントとなる。

●酒好きが高じて脱サラ開業

東京・板橋の「味噌酒場 磐梯屋」は、ふとん店をアルコール類の売上げ比率の高い「酒場」にした。ご主人は「男子厨房に入らず」タイプだった。ではなぜ、飲食店をやろうと思ったかというと、ご主人は大の酒好きだったのである。それが高じて、おいしいお酒を提供する店をやりたいという動機から商売替えを決めた。

「酒場」なら料理が苦手でも、やり方次第だ。ご主人の出身地が福島と聞いてピンと来たのは味噌だった。料理メニューは少なくていいので、「味噌だけはこだわってください」と提案した。酒のアテに生のきゅうりをまるごと一本出し、3種類の味の違う味噌をつけて食べるような、味噌が売りの「味噌酒場」という業態を提案した。

いざ開業となると、飲食店の場合は臭いや煙、音のトラブルが生じがちだ。きちんとした対策をほどこした設備をつくり、なじみのご近所に配慮しておくことも大切だ。

酒場繁盛のポイント

1 雰囲気

バーが「洋」のイメージが強いのに対して、酒場は「和」のイメージで、日本酒・焼酎・ビールなどのお酒をメインにしたお店になる。酒場は「ひと肌ビジネス」の最たるものである。「オヤジ(おかみ)と話しながら酒が飲める店」のひと肌を感じる雰囲気がポイントである。価格的にはリーズナブルな店のイメージを打ち出しつつも、産地直送や健康指向などの、こだわりを持った店であることを訴求する

2 大衆性

気楽に毎日でも行ける入りやすい店であることが大切な繁盛のポイント。価格の設定もそうだが、活気や賑わいを演出するポイントはたくさんある。刺身を提供するにしても、通常の居酒屋では盛り合わせがメインになるが、大衆酒場では飾り気のない単品で勝負するといった具合だ

3 スピード感

大衆酒場はお客を待たせてはいけない。席についてオーダーすると、待っていたかのようにお酒や料理が出てくるようなタイミングをいかにして作り出せるかがポイントになる。手の込んだ盛りつけや調理よりも、シンプルでわかりやすい、それでいてひと工夫してある料理を準備する。当たり前のことだが、そのためにはすぐに提供するための下ごしらえやメニュー構成などを十分に考慮しておく必要がある

4 小ポーションの料理

酒場は毎日でも、ちょっと立ち寄って気軽にお酒を飲めるコミュニケーションの場である。そんな場所で出される料理はあくまでも酒のアテであって、低価格・小ポーションであることが望ましい。たとえば、大手居酒屋チェーンなら900円くらいの刺身盛り合わせがあるだろうが、大衆酒場では飾り気のないひとさくを280円くらいで出すようなイメージで考えてゆく。小ポーションといってもおいしさをないがしろにするわけではない。繁盛している酒場には必ず名物料理がある。「あそこの店のもつ煮込みはおいしいよ」という口コミが広がるような名物料理がある店は繁盛している

5 常連客をつくれ

小さな大衆酒場で常連客がついてしまうと、「新しいお客が入りづらいお店になってしまうのではないか?」と心配する人がいるが、決してそんなことはない。お客を呼んできてくれるような常連客はオープン当初は大きな力になる。「常連客だけで新しいお客が入りづらい」と言う問題を考えるのはある程度、経営が軌道に乗ってきてからの話だ

Column

脱サラ人気 NO.1 ラーメン店の繁盛法

脱サラでラーメン店を開きたいという人は多い。「歯車のひとつとして会社で働くよりも一国一城の主になりたい」という思いと、「ラーメンを食べるのが大好きなので」といった理由から、ラーメン店が選ばれる。

ラーメン店は全国に８万軒あるといわれ、飲食店業種の中でも一番多い。店数が多いということは「量は質を呼ぶ」ので、味、接客、雰囲気などレベルの高い店が求められる。個人店・チェーン店と入り交じって、ラーメン店は激しい競争を繰り広げている。

●商品力・接客・雰囲気の三拍子が必要

脱サラ開業の人気 No.1 のラーメン店だが、実際のラーメン店経営をイメージしきれているかというと、そうでもない。もちろん、おいしさは重要だが「味」にばかり意識がいっていて、経営という視点がおろそかになる傾向が強い。

最近のラーメン店では、お客に支持されるためにはおいしさの追求にプラスして、しっかりした接客や清潔感の維持、商品を引き立てる雰囲気も重要になった。商品力・接客・雰囲気と、三拍子揃っていないと繁盛しなくなってきた。

さらに、長い繁盛を手に入れるためには、季節商品や限定ラーメンなどの新商品の開発力も求められる。同じメニューばかりだと、長い期間ではお客に飽きられてしまうからだ。

著者経歴

土屋　光正（つちや　みつまさ）

株式会社パシオ代表取締役。日本ラーメン協会理事。
東京生まれ。1970年代後半～1980年代前半、大手スーパーマーケットのＳＰデザイナー・プランナーとしてＳＰ広告代理店にて活躍。1984年、株式会社パシオを設立して独立。「企業イメージを創る」をキャッチフレーズに、ＣＩ（経営戦略としてのデザイン）の専門会社として、主に企業（メーカーや流通業各社）のイメージ戦略や、ブランド戦略を手掛ける。1991年より、飲食店の開業・リニューアルプロデュース業務を開始。手掛けた飲食店は、日本・世界で500店を超える。東急セミナーＢＥ渋谷で「行列のできる繁盛飲食店のつくり方講座」や、テンポス新宿にて「繁盛飲食店のつくり方セミナー」の講師を勤める。2007年より、超繁盛ビジネスを経営し、夢をかなえ成功する人が集う会員制クラブ「アトム倶楽部」を主催。独自の視点からの繁盛店づくりに定評があり、「繁盛の神様」のキャッチフレーズで飲食店専門誌や開業専門誌での執筆、セミナー講師、ＴＶ出演多数。「また行きたい飲食店」「行列ができるラーメン店づくり」（商業界）、「蘇る繁盛店」「バカな店」（テンポ）など著書多数。

HP URL：http://www.pasio-ltd.co.jp
●「開業・リニューアル・経営改善相談」
問い合わせ先：(株)パシオ03-3232-9681 ／担当者：吉木（よしき）
●「繁盛飲食店のつくり方セミナー」テンポス新宿センター
毎月第一日曜日13:00 ～ 16:00
問い合わせ先：(株)パシオ03-3232-9681 ／担当者：吉木（よしき）
●「行列のできる繁盛飲食店のつくり方講座」東急セミナー BE渋谷
4月生・10月生（年2回開催）
問い合わせ先：TEL03-3477-6277

繁盛店をつくる！　飲食店リニューアルの成功法則

平成 20 年 5 月 26 日　初版発行

著　者 ―― 土屋光正

発行者 ―― 中島治久

発行所 ―― 同文舘出版株式会社

東京都千代田区神田神保町 1-41　〒 101-0051
電話　営業 03（3294）1801　編集 03（3294）1803
振替 00100-8-42935
http://www.dobunkan.co.jp

ISBN978-4-495-58011-7
印刷／製本：萩原印刷　Printed in Japan 2008